W0244369

Konrad Gallei, Berlin, Jahrgang 1949, arbeitet heute als freier Foto- und Reisejournalist. Er gilt als Fachmann für nordische und arktische Gebiete.

Seit 1971 leitete er elf Expeditionen, zu deren Höhepunkt eine Hundeschlitten-Durchquerung des gefürchteten Inlandeises von Spitzbergen in seiner gesamten Nordwestlänge zählt. Nicht weniger gefährlich war sein Unternehmen, auf den Spuren Gustav Holms zu paddeln und 1000 km entlang der Ostküste Grönlands mit dem Kajak zurückzulegen. Auf seinen Abenteuer-Reisen produzierte er einen dreiteiligen Fernsehfilm für das Schulfernsehen, einen Fotofilm im Auftrag des SFB, mehrere Features und Hörspiele, sechs Bücher sowie zahlreiche Zeitschriftenartikel.

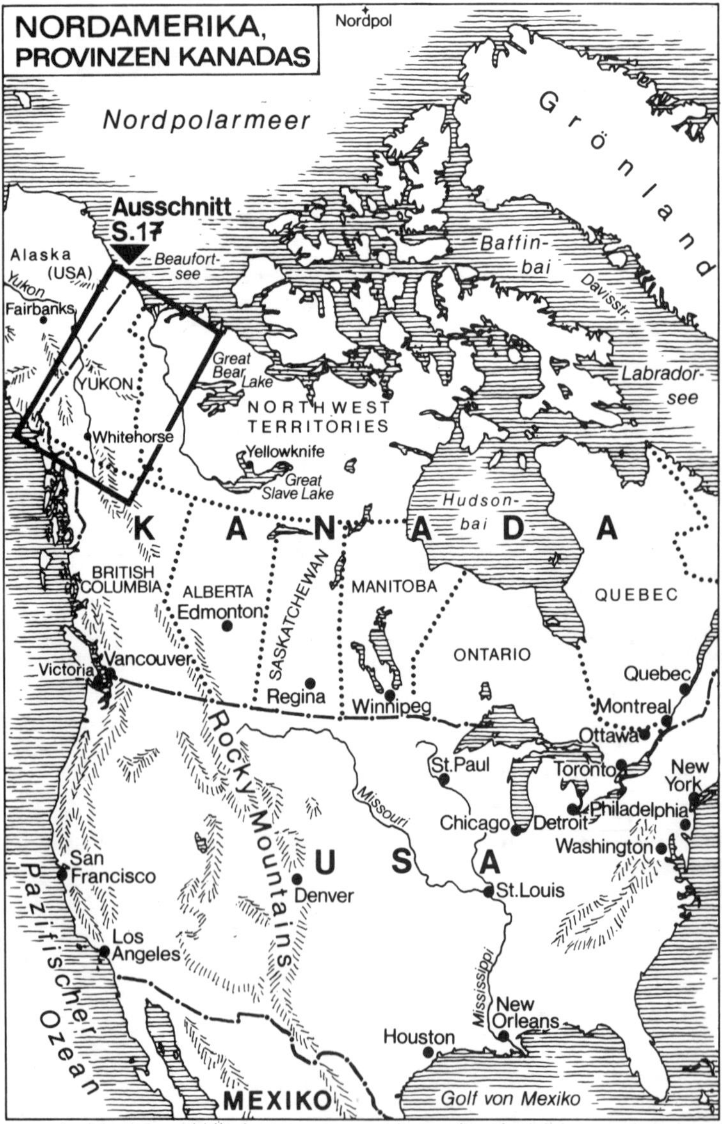
NORDAMERIKA,
PROVINZEN KANADAS
Nordpol
Nordpolarmeer
Grönland
Ausschnitt S.17
Alaska (USA)
Beaufortsee
Baffinbai
Davisstr.
Yukon
Fairbanks
Great Bear Lake
YUKON
NORTHWEST TERRITORIES
Labradorsee
Whitehorse
Yellowknife
Great Slave Lake
Hudsonbai
K A N A D A
BRITISH COLUMBIA
ALBERTA
SASKATCHEWAN
MANITOBA
QUEBEC
Edmonton
ONTARIO
Vancouver
Victoria
Regina
Winnipeg
Quebec
Montreal
Ottawa
Rocky Mountains
St.Paul
Toronto
New York
Missouri
Philadelphia
Chicago
Detroit
Washington
San Francisco
U S A
Denver
St.Louis
Pazifischer Ozean
Los Angeles
Mississippi
New Orleans
Houston
MEXIKO
Golf von Mexiko

KONRAD GALLEI/GABY HERMSDORF

Blockhaus-Leben

Ein Jahr in der Wildnis von Kanada

ABENTEUER-REPORT

Alle im Buch erwähnten Personen leben oder haben gelebt. Zum Schutz ihrer Persönlichkeit aber haben wir zum Teil ihre Namen oder ihre Charakterzüge so verändert, daß eine Identifizierung für Außenstehende nicht möglich ist.

CIP-Kurztitelaufnahme der Deutschen Bibliothek

Gallei, Konrad:
Blockhaus-Leben : e. Jahr in d. Wildnis von Kanada / Konrad Gallei ;
Gaby Hermsdorf. –
München : F. Schneider, 1986.
(Abenteuer-Report)
ISBN 3-505-09433-1
NE: Hermsdorf, Gaby:

ABENTEUER-REPORT

Herausgegeben von Susanne Härtel
© 1986 by Franz Schneider Verlag GmbH
8000 München 46 · Frankfurter Ring 150
Alle Rechte vorbehalten
Umschlagfoto: Konrad Gallei, Berlin
Fotos: Konrad Gallei, Inge Bauer (4), Uwe Preuss (3), Alex Ismail (1)
Karten: Gert Köhler
Lektorat: Susanne Härtel
Redaktion: Annemarie Bruhns
Herstellung: Josef Loher
Satz/Druck: Augsburger Druck- und Verlagshaus GmbH, Augsburg
ISBN: 3 505 09433-1
Bestell-Nr.: 9433

Inhalt

Land der Wildnis

Nicht mehr nur ein Traum

„Konrad", sagte sie, „ich glaube, ich habe genau das Land, das du suchst."

Ich starrte die Frau, die ich erst vor ein paar Stunden kennengelernt hatte, wortlos an.

„Ich glaube, ich habe genau das Land, das du suchst", wiederholte Gladys, und erst jetzt begriff ich, was sie sagte . . .

Über zwei Jahre war es her, daß ich während eines Aufenthaltes im Schwarzwald die kanadische Indianerin Heather kennengelernt und eine Woche mit ihr von ihrem Land geträumt und geschwärmt hatte. Dann war sie wieder in ihre Heimat zurückgeflogen, und ich war in mein Haus in Berlin zurückgekehrt. Fast zwei Jahre später hatte sie sich unerwartet telefonisch mit mir in Verbindung gesetzt und mich zu sich eingeladen, um mir ihr Land zu zeigen.

Bereits vier Wochen später war ich in Vancouver eingetroffen. Heather hatte mich zu den gewaltigen Naturmonumenten British Columbias entführt, in die schier unendlichen Wälder, zu den klaren Flüssen, in denen sich noch die Lachse tummeln, und ich hatte ihr wieder von meinem Traum erzählt. Einem Traum, der in fast jedem Menschen tief im Inneren schlummert.

„Weißt du, Heather", sagte ich, während wir uns in ihrem klapprigen Ford unaufhaltsam wieder Vancouver näherten, „ein kleines Stück Land in der Wildnis. Weitab von der Zivilisation, vom Lärm und von der Hektik der Städte, schwer erreichbar für andere Menschen. Dort in einer gemütlichen Blockhütte leben und nichts anderes tun, als zu lernen, sich mit der Natur zu arrangieren. Zu angeln und zu jagen, Holz zu hacken, Brot zu backen, Gemüse anzupflanzen, den Tisch und den Stuhl, den man benutzt, selbst zu zimmern. Ich würde es wahnsinnig gerne einmal selbst ausprobieren, wie es ist, wenn man lebt, wie es eigentlich der menschlichen Natur entspricht. Nicht vierzig Stunden in der Woche arbeiten, damit ein paar Mark aufs Konto kommen, sondern spüren und wissen, daß jeder Handschlag, den man tut, für das eigene Leben und Überleben notwendig ist. Um das zu erfahren, muß man zurück in die Natur – dorthin, woher der Mensch stammt und wo er eigentlich immer noch hingehört. Ich würde verdammt gerne so leben, und wenn es nur für eine gewisse Zeit wäre."

Heather lächelte sanft, den Blick unverwandt auf den schnurgeraden Highway gerichtet, der uns der großen Stadt immer näher brachte.

„Du meinst, das sei der dumme Traum eines kleinen Jungen, nicht wahr? Du hältst das für eine spleenige Idee. – Es ist mehr, Heather. Du weißt, daß ich bei meinen Hundeschlitten-Expeditionen durch Spitzbergen, meinen Expeditionen in der Hardangervidda in Norwegen immer die Auseinandersetzung mit der Natur gesucht habe. Ich brauche das einfach. Es ist ein unbezwingbarer Teil meines Ichs, der mich immer wieder hinaustreibt aus der sicheren Wärme meines Hauses."

Heather schwieg. Der Highway vor meinen Augen verschwamm.

Ich träumte von sich im Wind wiegenden Bäumen, murmelnden Bächen, glutroten Sonnenuntergängen – auch von Schwielen an den Händen und Schweißperlen auf der Stirn.

Heathers energische Stimme riß mich aus dem Traum.

„Wenn du das wirklich willst, Konrad, dann hör auf, nur davon zu träumen!"

„Du tust ja gerade so, als brauchte ich hier an dieser Stelle nur aus dem Wagen zu steigen, fünfhundert Meter ins Dickicht zu laufen, und schon stände ich auf dem Land, auf dem ich meine Traumblockhütte errichten kann."

„Quatsch, du weißt, daß ich das so nicht meine. Ich wollte damit nur sagen, daß du, wenn du es wirklich willst, nicht nur davon reden solltest. Warum fängst du nicht an, nach einem passenden Grundstück zu suchen?"

„Und wo sollte ich deiner Meinung nach damit beginnen? Kanada ist so riesig!"

„Wenn du mich schon fragst - versuch es im Yukon Territory. Dieser Teil Kanadas ist nicht nur unvergleichlich schön, sondern auch immer noch wild und ungebrochen. Dort könntest du sicher noch die Wildnis, so wie du sie dir vorstellst, finden."

Sie erzählte mir, daß der Distrikt der Northwest Territories schon 1850 ein bedeutendes Pelzgebiet der bekannten Hudson Bay Company gewesen sei. Noch heute leben dort viele Menschen von der Jagd und dem Fallenstellen.

„Die wilde Zeit der Goldsucher, die dort oben im Norden um 1880 begann, ging Anfang dieses Jahrhunderts wieder zu Ende, weil die reichen Goldfunde ausblieben. Die Einwohner kehrten danach wieder zu ihrer alten Lebensweise zurück. Das Yukon-Gebiet – ‚Yuckoo' ist übrigens indianisch und bedeutet ‚großer Fluß' – ist gut zweimal so groß wie die Bundesrepublik, aber über einen Makler hätten wir sicher eine Chance, das passende Land für dich zu finden."

Heathers Kenntnisse verwunderten mich nicht, denn sie hatte mir erzählt, daß sie in Whitehorse, der Hauptstadt des Yukon Territory, geboren war.

„Fast die Hälfte der Einwohner sind dort Indianer", fuhr sie fort. „Ich habe da oben noch viele Freunde. Wenn du willst, fliegen wir in den nächsten Tagen hinauf, besuchen Verwandte von mir und klappern die Makler ab."

Schon zwei Tage später waren wir in Whitehorse. Wir liefen die breiten Straßen der Stadt hinauf und hinunter, besuchten einen Makler nach dem anderen und verließen deren Büros immer frustrierter. Whitehorse wirkte auf mich inzwischen staubig und trist. Meine Stimmung war – milde gesagt – gedämpft. Die Suche nach dem Land in der Wildnis schien aussichtslos. Bedauerndes Kopfschütteln von seiten der Makler oder aber Angebote, die meinen Vorstellungen nicht entsprachen, das war unsere magere Ausbeute. Die Grundstücke lagen entweder zu dicht an der Stadt, an einem Highway oder an Eisenbahnschienen, waren zu teuer oder kein Bauland, was die Errichtung einer Blockhütte ausschloß.

Ich begann zu resignieren. Während Heather weiter optimistisch mit Maklern verhandelte, war ich bereits sicher, daß ich kein passendes Grundstück finden würde. Es war verrückt gewesen, anzunehmen, daß gerade in dem Moment, da ich in Whitehorse weilte, jemand genau das Stück Land verkaufen sollte, das meinen Wunschvorstellungen entsprach. Ich war enttäuscht und niedergeschlagen.

Tief in Gedanken versunken, sah ich die Frau kaum, die Heather auf der Straße ansprach.

„Heather, bist du es? Seit wann bist du in Whitehorse? Das ist ja eine Überraschung. Ich hätte dich beinahe nicht erkannt."

„Gladys King", stellte Heather mir die Frau vor. Ziemlich gleichgültig hörte ich zu, wie die beiden ein gemeinsames Abendessen im „Copper King" verabredeten.

„Copper King" war das feinste Restaurant von Whitehorse. Im Gegensatz zu dem grellen Sonnenlicht, das im Hochsommer den Menschen des Yukon Tag und Nacht in die Augen sticht, war die Beleuchtung hier gedämpft, schummrig und rot. Im ersten Moment glaubte ich, ein Freudenhaus der Cowboyzeit zu betreten: Rüschenkleider der Cancanzeit auf einer Seite hochgesteckt, so daß das Strumpfband zu sehen war. Aber es war offensichtlich nur die Berufskleidung der Serviererinnen. Kitschig wirkten die Sitznischen für vier Personen, deren Tische mit roten Decken mit breiten Spitzenborten geschmückt waren. Ein kaum zu begreifender Kontrast zur Außenwelt. Hier Rüschen und Schummerlicht, draußen vor der Tür Staub, greller Sonnenschein und vom Alkohol benebelte, arbeitslose Männer in Bluejeans.

Ich blickte über den Rand der riesigen Speisekarte. Mir gegenüber saß Gladys King, fünfzig Jahre alt, geschminkt, als sei sie in einen Tuschkasten gefallen. Kirschrote Lippen, schwarze Augenbrauen, strohblond gefärbtes Haar, rosa Bluse mit giftgrünem Schal, sechs große Diamantringe an den Fingern. Meinen europäischen Schönheitsvorstellungen entsprach sie nicht. Und doch war sie mir irgendwo sympathisch. Vielleicht wegen ihrer schelmisch blitzenden Augen, vielleicht wegen ihres manchmal sanften Lächelns.

Wir bestellten „steak" und „lobster" – Steak und Hummer, eine in Whitehorse sehr gefragte Kombination, die meinen europäischen Magen dagegen immer wieder durcheinanderwirbelte, zumal beides in einer fetten, rosaroten Mayonnaisensoße schwamm. Während ich mit meinem Essen kämpfte, erzählte Heather Gladys, warum wir nach Whitehorse gekommen waren, von meinem Traum, in der Wildnis zu leben, und von unseren Mißerfolgen bei den Maklern.

„. . . das Land, das ich suche?" Ich war plötzlich hellwach.

„Wenn ich Heather richtig verstanden habe", sagte Gladys, „müßte es deinen Vorstellungen genau entsprechen. Es liegt etwa hundert Kilometer nördlich von Whitehorse, eine fünfundfünfzigtausend Quadratmeter messende Halbinsel am Coghlan Lake. Das Land gehört eigentlich nicht mir. Es gehört Indianern, ist sogenanntes Kronland, das nie an einen Weißen verkauft werden darf. Alles Gold, das dort gefunden wird, gehört automatisch den Indianern. Und sollte dort zum Beispiel eine Ölquelle entdeckt werden, so hätten die Indianer das Recht, das Land wieder für sich in Anspruch zu nehmen. Ich besitze dieses Land nur über einen

Pachtvertrag, der schon seit Jahrzehnten in den Händen meiner Familie ist. Dieser Pachtvertrag – ich zahle dafür fünfundzwanzig Dollar im Jahr – gilt jeweils für fünf Jahre und verlängert sich automatisch. Es sei denn, die zuständige Behörde, die ‚Indian and Northern Affairs', stellt fest, daß ich dort Raubbau betreibe oder straffällig geworden bin." Sie schmunzelte und fügte hinzu: „Bis jetzt aber hat sich meine Familie dieses Grundstücks würdig erwiesen."

Heather und ich hatten aufmerksam zugehört. Nun kramte Gladys in ihrer roten Handtasche und legte ein Foto auf den Tisch.

„Das ist Gordy – mein Mann", sagte sie und schwieg dann für einige Sekunden. Es schien ihr schwerzufallen weiterzusprechen. „Wir beide hatten geplant, fernab aller Zivilisation unseren Lebensabend zu verbringen. Auf diesem wunderschönen Fleckchen Erde, das Gordy so liebte. Er wollte dort eine große Blockhütte bauen, Plattformen für Zelte und einen Anleger für Boote. Wir wollten dort nebenbei Touristen aufnehmen. Das ist möglich, weil laut Pachtvertrag gegen einen Lizenzpreis von fünfzig Dollar im Jahr Touristen zum *Fly-in-Fishing* untergebracht werden dürfen."

Gladys machte wieder eine Pause und berichtete dann stockend, daß ihr Mann, kurz bevor er mit dem Blockhausbau beginnen wollte, mit einem Lkw auf dem Highway tödlich verunglückt war. Wegen der damit verbundenen Erinnerungen hatte sie dieses Land seitdem nicht mehr betreten. Ein Makler hatte ihr inzwischen ein Angebot über 60 000 Dollar gemacht, aber sie hatte abgelehnt.

„Ich möchte sicher sein, daß dieses Land in die Hände eines Menschen kommt, der es versteht und seine Schönheit wirklich zu schätzen weiß", erklärte sie.

„Habt ihr dort in einem Zelt gelebt?" fragte Heather.

„Nein. Vor etwa vierzig Jahren haben Dennis und Henry, zwei mit meiner Familie befreundete Trapper, dort eine kleine, einfache Blockhütte gebaut. Die beiden, übrigens Indianer, Heather, stellen noch heute in diesem Gebiet zwischen dem Coghlan Lake und dem etwa achtzig Kilometer entfernten Lake Laberge Fallen auf. Nur im Winter allerdings. Während der Sommermonate arbeiten sie in Whitehorse. Wir durften ihre Hütte benutzen. Sie war ursprünglich nur als eine Art Unterschlupf gedacht, wo die beiden Wärme und Sicherheit finden konnten, wenn sie mit ihren Snow-Scootern ihr ‚trapping areal' abfuhren und die Fallen überprüften."

Verschmitzt lächelnd und mit einem Augenzwinkern blickte sie mich an. „Nun sag selbst, Konrad – ist das nicht das Land, nach dem du suchst?"

Gladys hatte recht. Alles, was sie mir von ihren Plänen mit ihrem Mann, von seiner Liebe zur Natur erzählt hatte, traf auch auf mich zu. Sie wußte es und verstand mich.

„Laß uns nicht weiter darüber reden, Konrad. Du solltest hinfliegen, dir das Land anschauen und erst einmal feststellen, ob du es wirklich ‚spürst' und verstehst. Und wenn deine Füße den Boden dort berühren, dann denk daran, daß dies ein wildes, rauhes und ungezügeltes Land ist. Es sind nicht Bären und Wölfe allein, mit denen du dich dort arrangieren mußt. Die Winter dort sind hart und brutal. Und du bist weit entfernt von der sicheren Stadt. Deine einzige Verbindung nach Whitehorse ist ein Funkgerät, mit dem du im Notfall Hilfe erbitten kannst. Sonst bist du da allein mit der wilden Natur. Flieg hin und schau, ob du dieses Land lieben kannst, seine Stille und Ruhe, aber auch die Gefahr, die in ihm schlummert. Wenn du dann noch willst, dann reden wir weiter."

Heather war wirklich einmalig. Schon am nächsten Morgen organisierte sie einen Flug zu Gladys' Grundstück. Joe Sperling, ein in Whitehorse ansässiger Buschpilot, wollte uns in seiner „Beaver" hinfliegen und uns eine Stunde lang die Halbinsel am Coghlan Lake erforschen lassen. 300 Dollar kostete der Flug, den Heather, Su – eine Freundin von Gladys – und ich am Nachmittag antraten.

Joes „Beaver“, unser Transportmittel von und nach Whitehorse

Mein erster Flug zum Coghlan Lake! Joe steuerte die Maschine im linken Bogen über Whitehorse Richtung Norden. Selbst aus 200 bis 300 Metern Höhe sah die Stadt noch trist und staubig aus. Als riesiger Farbklecks leuchtete nur der Yukon herauf, der in sanften Bögen die Stadt in zwei Hälften teilte. Im Westen war die 600 Meter hohe Abbruchkante deutlich zu erkennen – eine Art Steilhang, der sich als ebenes Hochplateau, über Meilen von dichtem Wald überzogen, fortsetzte, bis er schließlich in einem riesigen Gebirgszug seine Begrenzung fand. Im Osten bildete eine Hügelkette die natürliche Grenze der Stadt. Unter mir erkannte ich das sich weiß vom Staub abhebende historische Riverboat

„S.S. Klondike", als Zeugnis der Vergangenheit am Ufer des Yukon aufgedockt. Keine 200 Meter entfernt das supermoderne, nüchterne Regierungsgebäude. Über 420 Quadratkilometer erstreckt sich die Stadt, von der Fläche her eine der größten Städte Kanadas. 420 Quadratkilometer meist flache, höchstens eingeschossige Wohnhäuser und Baracken, weit verstreut.

Endlich lag die Stadt hinter uns. Vor und hinter uns der blausilbern glitzernde Lake Laberge, den der Yukon durchfließt. Weiter ging es über Sumpfgebiete und den südlichen Frank Creek zum etwa 45 km langen Coghlan Lake. Ich erinnerte mich an einen Film über das kanadische Buschland, der mich als kleinen Jungen ungeheuer beeindruckt und zum Träumen gebracht hatte: „Traumstraße der Welt". Nein, dies hier war noch schöner als meine Erinnerung an die Bilder des Films. Tagelang hätte ich weiterfliegen mögen über diese von gewaltigen, schneebedeckten Gebirgsketten durchzogene Tundralandschaft. Die sanft eingebetteten Seen leuchteten wie silbern glitzernde Schätze, hoben sich ab vom dunklen Grün der Sitkafichten.

Joe brachte das Flugzeug südlich der Halbinsel am Coghlan Lake, Gladys' Grundstück, zur Landung. Der Steg, gedacht als Anlegestelle für Wasserflugzeuge, war vermodert und teilweise zusammengebrochen. Ich sprang aus dem Flugzeug in das eiskalte, mir bis an den Bauch reichende Wasser, band am Ufer die „Beaver" mit einem Seil an einem Baum fest. Dann kletterte ich einen Hang hinauf und stand auf einem Plateau.

Das ist es, spürte ich. *Genau so stelle ich mir mein Land vor.* Ich befand mich gut zwanzig Meter über dem Wasserspiegel und blickte zum Südende des Sees. Nichts engte meinen Blick ein, den ich weit über das Gewässer hinaus über die Landschaft schweifen lassen konnte. Fern hinter dem See erhob sich blaß ein Gebirgszug. Am linken Ufer ragte wie eine gewaltige Schutzmauer eine steile Felswand auf. Die rechte Seite säumte das beruhigende Blaugrün zahlloser Fichten.

Ich durchstreifte begeistert das Land, wagte mich durch den Urwald, das dichte Unterholz, das meine Beine zerkratzte. Dazwischen einige dünne Birken und Pappeln. Ansonsten unendlich viele Fichten, gesunde Fichten mit bis zu zwölf Metern Nutzlänge, teilweise bis zu einem halben Meter dick. Ungewöhnlich für den Yukon, dessen Fichten in der Regel nur einen Durchmesser von etwa zwanzig Zentimetern aufweisen. Ich konnte mir die besondere Stärke dieser Bäume nur durch ihre geschützte Lage erklären. Die Halbinsel war durch das Wasser auf der einen, die Steilfelsen auf der anderen Seite optimal vor Buschfeuer geschützt. Dieser Situation hatten sie wohl ihr hohes Alter, gut hundertzwanzig Jahre alt mochten sie sein, zu verdanken. Ideal für mich. Hier könnte ich die notwendigen Bäume für ein großes, geräumiges Blockhaus selbst fällen, müßte nicht, wie im Yukon üblich, Bauholz aus British Columbia einfliegen lassen.

Ich betrat die alte, von Dennis und Henry errichtete Hütte. Im Inneren ein altes Drahtbett, ein verrotteter Ofen, wild durcheinander liegende Bretter, Dosen, Kartons, Brennholz. Ich drehte mich um, starrte wieder Richtung Süden auf den See.

„Sechzig bis achtzig Meter ist er tief. Man vermutet hier unterirdische Zuflüsse – und einen Seegeist."

Heather und Su hatten meine Faszination bemerkt und bisher geschwiegen. Ich drehte mich zu Su um, wollte eine lässige Bemerkung über Seegeister machen und sah Tränen in ihren Augen.

„Su, was ist los?"

„Ich denke gerade an Gordy. Er hat dieses Land so geliebt. Wußtest du, daß Gladys die Asche seines Leichnams auf diesem Grundstück verstreut hat?"

Ich nahm sie in den Arm, drückte sie. Sie schluckte ein paarmal, dann lächelte sie wieder.

„Weißt du, so viele Forellen und Hechte, wie sich im Coghlan Lake tummeln, wirst du dein Leben lang nicht fangen können. Du

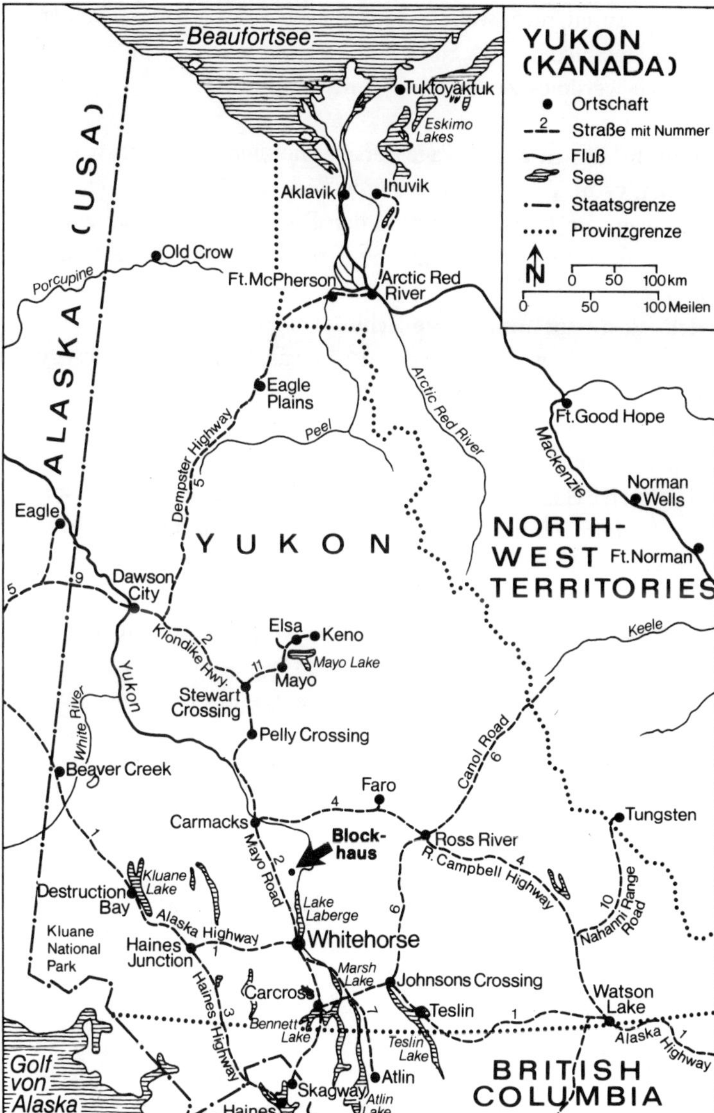
YUKON (KANADA)
Ortschaft
Straße mit Nummer
Fluß
See
Staatsgrenze
Provinzgrenze
0 50 100 km
0 50 100 Meilen
Beaufortsee
Tuktoyaktuk
Eskimo Lakes
Aklavik
Inuvik
Old Crow
Porcupine
Ft. McPherson
Arctic Red River
ALASKA (USA)
Eagle Plains
Dempster Highway
Peel
Arctic Red River
Ft. Good Hope
Mackenzie
Norman Wells
Ft. Norman
NORTH-WEST TERRITORIES
YUKON
Eagle
Dawson City
Klondike Hwy.
Elsa
Keno
Mayo Lake
Mayo
Stewart Crossing
Yukon
White River
Pelly Crossing
Keele
Canol Road
Beaver Creek
Faro
Carmacks
Block-haus
Ross River
Tungsten
Mayo Road
R. Campbell Highway
Nahanni Range Road
Kluane Lake
Destruction Bay
Lake Laberge
Whitehorse
Alaska Highway
Kluane National Park
Haines Junction
Haines Highway
Marsh Lake
Johnsons Crossing
Carcross
Teslin
Watson Lake
Bennett Lake
Teslin Lake
Alaska Highway
Golf von Alaska
Atlin
Skagway
Atlin Lake
Haines
BRITISH COLUMBIA

wirst es kaufen, nicht wahr? – den Grizzlys zum Trotz und auf den Spuren der Elche."

„Ja, ich werde es kaufen", sagte ich bestimmt.

Dennoch ließ ich einige Tage verstreichen, ehe ich mich wieder mit Gladys in Verbindung setzte.

„Zu welchem Preis würdest du den Pachtvertrag verkaufen?"

„Was ist er dir wert?" fragte sie zurück. „Ich dachte an 60 000 Dollar."

Ich zuckte zusammen. Sie lachte.

„Nein, nein, mein Junge", beruhigte sie mich. „Aber könntest du 15 000 Dollar zusammenbringen?"

Die nächsten Tage saß ich nur am Telefon und sprach mit Freunden und Verwandten in der Bundesrepublik. 15 000 Dollar, das war viel Geld für mich, zuviel. Ich brauchte einen Sponsor. Damals ahnte ich noch nicht, daß ich in den kommenden Jahren noch einmal gut 50 000 Dollar in dieses Grundstück investieren würde – in die unzähligen Flüge von Berlin nach Whitehorse, in die Flüge zum Coghlan Lake, in Werkzeuge, Funkgerät, in den Transport meiner Schlittenhunde.

Ich hatte die Hoffnung, von Kanada aus über Telefon einen Sponsor zu finden, schon fast aufgegeben, als ich Inge, einer guten alten Freundin von mir, von meinen Plänen erzählte.

„Wenn ich dich richtig verstanden habe, willst du dort langfristig Touristen aufnehmen, so daß sich das Grundstück dann von selbst trägt."

„Ja, das Grundstück bietet sich für das *Fly-in-Fishing* – in die Wildnis fliegen und fischen – geradezu an. Und das ist eine Form des Urlaubs, die vor allem bei den Amerikanern sehr gefragt ist."

„Okay", sagte sie, „ich bin dabei."

Drei Tage später übergab ich Gladys tausend Dollar als Anzahlung. Die Überschreibung des Pachtvertrages auf meinen Namen und die Auszahlung der ausstehenden, von Inge bereitgestellten 14000 Dollar sollte im April des kommenden Jahres erfolgen. Dann würde mein Traum endgültig nicht mehr nur ein Traum sein!

Der Wald wird aufgeräumt

Zurück in Berlin, machte ich mich daran, mein Leben auf meinem zukünftigen Grundstück zu organisieren. Noch im April, nach Überschreibung des Pachtvertrages, wollte ich auf meinem Land mit der Arbeit beginnen, aufräumen und ausbessern sowie die ersten Bäume für mein eigenes Blockhaus fällen. Eine Arbeit, die ich mir allein nicht zumuten wollte. Ich bat daher Freunde und Verwandte, mir dabei zu helfen. Flug- und Verpflegungskosten wollte ich übernehmen. Tatsächlich waren einige meiner Freunde bereit, in das Abenteuer Wildnis einzusteigen. Im Anschluß an die ersten Aufräumarbeiten wollte ich an der „Allan Mackie School of Log Building" an einem Lehrgang teilnehmen, um mir das fachliche Wissen für meinen Blockhausbau anzueignen. Noch im selben Jahr sollte – wieder mit Unterstützung von Freunden – der Bau auf meinem Land beginnen.

Im April war alles perfekt organisiert. Ich flog nach Whitehorse.

Gladys und ich trafen uns vor dem Gebäude der „Indian and Northern Affairs", unterzeichneten beide mit vor Aufregung zitternden Händen die Überschreibung des Pachtvertrages. Ich spürte dabei deutlich die Zurückhaltung von Gladys. Offensichtlich fiel es ihr doch schwer, diesen Schritt zu vollziehen. Zudem wurde sie sicher auch von ihren Erinnerungen eingeholt.

Ich akzeptierte ihr Verhalten und ließ sie in Ruhe.

Whitehorse wirkte auf mich immer noch vor allem staubig und dreckig. Ich schlenderte durch die First Avenue, Second Avenue, die Main Street. Klein-Chicago oder Klein-New York – die Straßennamen kamen mir vermessen vor.

Und doch begann ich, diese Stadt zu begreifen.

Die Geburt dieser Stadt war vom Goldrausch geprägt gewesen. 1898, nachdem am Klondike River große Goldfunde Tausende von Abenteurern angezogen hatten, wurde die Stadt schnell und lieblos als Anlaufstation für Trapper und Goldsucher und als Durchgangsstelle nach Dawson City aus dem Boden gestampft. Der jetzt aufgedeckte Schaufelraddampfer „Klondike" verkehrte noch bis 1954 zwischen diesen beiden Städten. Er ist eines der wenigen noch existierenden Zeugnisse aus der Zeit der Goldsucher. Mitten in der Stadt traf ich auf weitere Zeugen. Drei alte, mehrstöckige Holzhäuser, die die modernen flachen, in faden Farben gestrichenen Häuser unserer Zeit als „Hochhäuser" aus dem vergangenen Jahrhundert überragen.

Mit dem Versiegen der großen Goldquellen verlor die Stadt an Bedeutung. Daran änderte sich kaum noch etwas, als sie 1953 Hauptstadt des Yukon Territory wurde. Arbeitslosigkeit bestimmt heute das Bild der Stadt. Männer liegen neben Bierkisten und -büchsen auf den Rasenflächen oder wanken durch die Straßen. Glücklich ist, wer Arbeit findet, ob als Verkäufer, Tankwart oder in einer der bis zu zwei Flugstunden entfernten Gold- und Kupferminen mit den angeschlossenen Camps. Die Abwanderung der Einwohner bringt die Stadt in Existenznot. Mehr und mehr verkümmert sie zu einer reinen Zwischenstation für Touristen, die in die Wildnis wollen, und für die Trapper. Anlaufstelle der Farmer der Umgebung, die vor allem Schafe und Pferde züchten, Hafer und Gerste anbauen.

Ich nahm mir einen Nachmittag Zeit, um in Ruhe die breiten Straßen entlang der quadratischen Häuserblocks zu schlendern. Die neueren Häuser, gebaut aus Sperrholz, Isolierpappe und Draht, gegen den an den Außenwänden Stuckputz gespritzt wurde, erregten meine Aufmerksamkeit besonders. Auch die

Mitten im Zentrum von Whitehorse steht ein Relikt aus der Zeit des „Klondike-Goldrausches“

Fundamente bestehen nur aus Sperrholz und Isoliermaterial. Aber die Häuser sollen bis zu achtzig Jahren den extremen Witterungsbedingungen standhalten. Das zumindest behauptete August, Besitzer des Sportartikelgeschäftes „Iglu" und Österreicher. Er gab mir auf meine vielen Fragen bereitwillig Auskunft.

„Du wirst dort draußen eine Waffe brauchen", erklärte er mir, die Ellbogen lässig auf den Ladentisch gestützt. Äußerlich war dieser liebenswerte Österreicher unverkennbar ein Mann dieser Stadt: derbe Jagdstiefel, Jeans, Baumwollhemd – und an den Fingern mehrere blitzende Diamantringe.

„Hast du einen Waffenschein?"

„Nein, ich wollte nur meinen Jagdbogen und Pfeile mitnehmen. Meinst du, ich brauche unbedingt ein Gewehr?"

„Du wirst es sicher bald selbst herausfinden. Einen Waffenschein kannst du übrigens beim Polizeirevier anfordern."

Der dezente Hinweis von August, daß eine Schußwaffe in der Wildnis notwendig sei, beschäftigte mich. Ich wollte versuchen, von dem für den Kauf der Nahrungsmittel vorgesehenen Geld einen Teil für eine Waffe einzusparen.

Nach einem „Steak-und-Hummer"-Mittagessen in einem der Schummerlicht-Restaurants in Whitehorse machte ich mich leicht irritiert an den notwendigen Einkauf. Leicht irritiert durch einen Striptease in der Mitte des Lokals. Einen Striptease, dem niemand Beachtung geschenkt hatte. Die Männer hatten ihr Mittagessen in sich hineingeschaufelt, ohne die Dame auch nur eines Blickes zu würdigen. Was für eine Stadt!

Doch ich hatte nicht viel Zeit zum Nachdenken. In zwei Tagen erwartete ich meine Freunde, und es gab noch viel zu erledigen. Ich drängte mich zwischen Familien hindurch in das moderne, flache Kaufhaus der alteingesessenen Hudson Bay Company. Vom Fernseher bis zum Kronleuchter gab es hier alles, was das Herz begehrte. Ähnlich im Hougens-Kaufhaus, in dessen Hinterhof Kanus und Kajaks gestapelt lagen.

Ein Blick in einen Alternativ-Laden „Indianisches Handwerk" – nein, hier gab es nur Andenken für Touristen. Rüber ins Drugstore, Waschmittel kaufen und den Erste-Hilfe-Kasten auffüllen.

Abends sank ich völlig erschöpft ins Bett. Neben mir zwei bis an den Rand mit Nahrungsmitteln gefüllte Aluminiumkisten, das Resultat meines rastlosen Einkaufens. Haferflocken, Mehl, Zucker, Milchpulver, Marmelade, Spaghetti, Schokolade, Hefe, Trockenobst, Brot, Margarine, Räucherwurst, Käse, Kohl, Bohnen, Erbsen, Mais, Kartoffeln, Äpfel, Möhren, jede Menge Kekse sowie Tee und Kaffee. Hatte ich an alles gedacht? Und würde es ausreichen, fünf Männer zwei Wochen lang fit zu halten? Notfalls mußten wir uns halt mit dem Flugzeug Nachschub einfliegen lassen. Mit diesem Gedanken fiel ich in Schlaf.

Das Rasseln meines Weckers riß mich früh aus meinen Träumen. Ich verstaute mein Gepäck in dem von mir gemieteten Landrover und machte mich auf in Richtung Flughafen mit Zwischenstopp bei der Forstbehörde. Der gute August hatte erkannt, daß ich zwar kein Greenhorn in bezug auf Leben und Überleben in der Subarktis war, dafür aber ein absoluter *Cheechaquo* in Sachen kanadischer Gesetze. Aus diesem Grund hatte er mich auf einige unbedingt zu beachtende Dinge hingewiesen.

Solcherart aufgeklärt, machte ich bei der Forstbehörde halt und beantragte meine erste Baumfällgenehmigung. Ich füllte den Antrag aus. Circa fünfzig Bäume der Klasse 1, das hieß Nutzholz, gesunde Bäume von mindestens zwanzig Zentimetern Durchmesser, wollte ich fällen. Wann? In den nächsten zwei bis drei Wochen. Wo? Auf meinem Grundstück am Coghlan Lake. Wofür? Bau einer Blockhütte. Brennholz? Ja, brauchte ich auch. Nur tote Bäume, circa zwanzig bis dreißig an der Zahl, wurden mir zugestanden.

Ich entrichtete meinen Obolus und erhielt ein entsprechendes Schriftstück, das ich stolz in meine Brieftasche steckte. Ich hätte unverzüglich eine neue Genehmigung zu beantragen, falls ich noch weitere Bäume fällen wollte, wurde ich ermahnt. Ich nickte brav.

„Sie werden die ohne Probleme erhalten", wurde ich weiter aufgeklärt. „Es geht uns nur darum, einen Überblick zu behalten, was draußen geschieht. Auf diese Weise verhindern wir, daß durch unkontrolliertes Ausholzen der Naturkreislauf gestört wird. Haben Sie übrigens schon eine Genehmigung für Lagerfeuer? Die ist im Sommer ebenfalls erforderlich."

Ich beantragte sie, bekam sie – zusammen mit einem Faltblatt über die Sicherheitsbestimmungen – und zahlte auch dafür.

Dann fuhr ich weiter zum Flughafen und packte dort meine Kisten aus dem Wagen, um sie in Joe Sperlings Bürobaracke zu tragen. Ein etwa 60jähriger Mann trat aus der Tür. Jagdstiefel, Jeans, Baumwollhemd, Indianergesicht und eine auffällige Hasenscharte über der Oberlippe.

„Hi", sagte er und starrte mich durchdringend an. „Bist du Konrad, der Mann, der von Gladys das Land gekauft hat?"

„Ja, morgen will ich dorthin fliegen."

„Ich bin Dennis. Gladys hat dir vielleicht erzählt, daß ich die Blockhütte auf deinem Grundstück gebaut habe. Ich war schon lange nicht mehr draußen, sicher ist die Hütte ein wenig verrottet. Weißt du, im Sommer arbeite ich in der Stadt, und die letzten Winter bin ich auf meiner Fallen-Rundtour so zügig vorwärtsgekommen, daß ich immer zu meiner Haupthütte am Lake Laberge zurückkehren konnte. Eine schöne Ecke, dein Land. Mal sehen, vielleicht besuche ich dich dort im Winter einmal. Ist dir das recht?"

„Ich freue mich drauf."

„Dann also bis zum Winter. Ich muß los, die Stadtverwaltung ist ohne mich verloren."

Ich betrat Joes Büro.

„Da hast du ja gleich unseren besten Fallensteller kennengelernt, unseren guten alten Dennis. Athapasken-Indianer im Herzen und trotzdem fähig, sich in die Gesellschaft der Weißen einzugliedern. Er muß nicht auf lange Haare und Kopfschmuck zurückgreifen wie viele seiner jungen Brüder. Hält sich auch nicht am Alkohol fest. Er hat seine Identität nicht verloren. Im Sommer arbeitet er bei der Stadtverwaltung, und im Winter ist er wieder ganz Indianer. Draußen in der Wildnis. Legt Fallen aus und verkauft später die Felle. Fährt nur leider nicht mehr mit dem Hundeschlitten, sondern mit dem Snow-Scooter. Ist vielleicht auch einfacher für ihn."

Joe zog die Augenbrauen hoch, blickte durch die Tür auf meine am Wagen stehenden Kisten.

„Soll das alles mit?"

„Ja. Morgen abend. Fünf Mann, diese Kisten und vermutlich noch das Gepäck meiner vier Freunde."

„Was zum Teufel hast du da alles drin?"

„Zwei Kisten Nahrungsmittel, drei Kisten Werkzeuge – Kettensägen, Schutzbekleidung, Handsägen, Äxte, Hämmer, Messer, Nägel, Handbohrer, Hobel. Was man halt so benötigt. Dann zwei Kisten Kleidung und persönliche Unterlagen, und hier ist meine Fotoausrüstung drin. In der letzten Kiste sind Kocher, Töpfe und Geschirr."

„Junge, da muß ich wohl zweimal fliegen. Okay. Morgen abend also. Um sieben Uhr der erste Flug mit drei Mann und Gepäck, der zweite dann um neun Uhr mit zwei Mann und dem Rest der Kisten. Mann, ich hoffe, daß wir wirklich alles im Flugzeug unterkriegen."

„Es muß klappen, Joe. Ich muß mit meinen Dollars etwas haushalten."

„Hast du da draußen eigentlich ein Funkgerät, so daß du notfalls Whitehorse erreichen und Hilfe anfordern kannst?"

„Nein, verdammt, daran habe ich gar nicht mehr gedacht."

„Paß auf, ich spreche mit Sam, einem alten Freund von mir. Er hat noch ein kleines Funkgerät, das er mir vor kurzem für tausend Dollar angeboten hat. Vielleicht verkauft er es dir. Ich frage ihn. Er ist im Moment draußen in der Wildnis, aber ich erwarte ihn diese Woche noch zurück. Ich könnte ihn dann auch gleich bitten, für dich schon mal die Lizenz zu beantragen."

„Das wäre prima. Dann hätte ich spätestens nach meinem Lehrgang das Gerät. Was aber, wenn in den kommenden zwei Wochen etwas passiert?"

„Ich fliege nächste Woche, wenn die Witterungsbedingungen es zulassen, zu einem deiner entfernten Nachbarn. Ich könnte bei dir zwischenlanden und nachfragen, ob alles in Ordnung ist. Kostet allerdings vierzig Dollar. Wir können dann auch einen Termin für den Rückflug in etwa vierzehn Tagen vereinbaren."

Ich verließ Joe relativ zufrieden. Es war zwar alles viel komplizierter, als ich es mir vorgestellt hatte, aber zum Glück waren die Leute von Whitehorse mir *Cheechaquo* gegenüber nachsichtig und halfen, wo sie konnten.

Durch das Gespräch mit Joe war mir klargeworden, daß ich natürlich nicht ohne weiteres Nahrung nachbestellen konnte. Und wenn wir tatsächlich von morgens bis abends Bäume fällen und bearbeiten würden, könnten unsere Körper eventuell wesentlich mehr Energie verbrauchen, als ich angenommen hatte.

Ich kaufte also erneut ein. Müsli, Orangen, Apfelsinen, Ahornsirup, von der Verkäuferin als besonders gesund empfohlen, noch mehr Kartoffeln und mehrere Kilo Fleisch. Probleme mit der Lagerung würden sicher nicht auftauchen. Die Temperaturen lagen tagsüber bei null Grad, nachts noch darunter.

In dieser Nacht konnte ich lange nicht einschlafen, wälzte mich im Bett hin und her. Bloß keine Fehler machen. Nichts vergessen. Die erste Woche bis zu Joes Zwischenlandung würden wir ohne Hilfe ganz auf uns gestellt sein.

Am nächsten Morgen fuhr ich noch einmal zu August.

„Was für ein Gewehr würdest du mir empfehlen?"

„Da du noch keine Erfahrung mit Schußwaffen hast, eine 'Remington Bush Master'. Das ist ein Schrotgewehr mit kurzem Lauf, aber du kannst damit auch mit 'Brenneke'-Geschossen schießen. Es ist gut als Notwehrwaffe, Schutz gegen Wölfe, falls sie dir unerwartet einmal auf den Pelz rücken sollten. Eigentlich wurde sie als Verteidigungswaffe gegen Bären entwickelt. Aber du wirst sicher nicht so dumm sein und vorschnell auf einen Grizzly schießen wollen."

„Ich glaube, ich werde mich eher ganz schnell verkrümeln, sollte mir einer begegnen."

„Das wäre das Gescheiteste, was du tun könntest. Abgesehen davon, daß du von vornherein meiden solltest, seinen Weg zu kreuzen. Einen Grizzly mit dem Gewehr zu erschießen erfordert eine ungeheure Erfahrung. Du mußt ihn quasi ganz dicht an dich herankommen und ins Gewehr laufen lassen. Und dann exakt sein Herz treffen. Das kostet Nerven, mein Junge. Aber es ist die einzige Chance. Wenn du einen Grizzly nur anschießt und nicht gleich tödlich triffst, bringt er dich um. Es gibt Fälle, da haben Grizzlys, von Schüssen durchsiebt, noch sieben Männern den Garaus gemacht."

Augusts Augen leuchteten, während er mir dies erzählte. Ich wußte nicht, ob er mir nur Schauermärchen erzählte oder ob sich diese „Fälle" tatsächlich so abgespielt hatten. Klar wurde mir dabei allerdings, daß seine Warnung in jedem Fall angebracht war.

„Kannst du mir so ein Greenhorn-Gewehr gleich mitgeben?" fragte ich.

„Nein, ich muß es erst bestellen. In acht Tagen etwa ist es hier."

Ich hätte mich früher darum kümmern sollen. Nun war es zu spät.

„Okay, August, bestell es. Ich hole es ab, wenn ich das nächstemal in Whitehorse bin."

„Vergiß nicht, dir vorher beim Polizeirevier einen Waffenschein zu holen."

14 Uhr. Ich mußte mich beeilen. Trotz meiner inneren Unruhe hielt ich mich ordnungsgemäß an die in der Stadt vorgeschriebene 30-Meilen-Geschwindigkeit und stoppte meinen Landrover für jeden Fußgänger, der Anstalten machte, die Straße zu überqueren. Das hatten mir schließlich fast alle meine neuen Freunde eingebleut: Paß auf Junge, die Verkehrspolizei ist hier ungeheuer wachsam und streng.

Sie saßen schon in der Halle des Flughafens: mein Bruder Leonhard, Poldi genannt, der schwäbelnde Dodo und die Brüder Manne und Tommy. Die „Aufräum-Crew". Trotz Hotel-Übernachtung in Vancouver sahen sie müde aus, schienen die Zeitverschiebung und den Klimawechsel noch nicht ganz verkraftet zu haben.

Meinem Rat folgend, trugen sie bereits ihre Arbeitskleidung, hatten alle nur noch etwas Handgepäck oder einen kleinen Rucksack dabei. Wir begrüßten uns herzlich. Wie ich waren sie aufgeregt. Es juckte uns in den Fingern, zum Coghlan Lake zu fliegen.

„Kommt, ich lade euch noch zu einem Essen ein, und dann könnt ihr euch in meinem Motel-Zimmer noch mal frisch machen. Um sechs Uhr sollen wir am Flugplatz sein."

Joe verteilte an uns Ohrenstöpsel, weil der Propellerlärm kaum zu ertragen war. Dann brachte er seine Einmotorige – Baujahr 1953, was aber durch einen fachmännischen Anstrich diskret getarnt war – in Startposition. Wir hoben ab, winkten Manne und Tommy noch einmal zu, die mit der nächsten Tour fliegen sollten. Wie bei meinem ersten Flug mit Joe folgten wir eine Weile dem Alaska Highway, und dann ging's über den Lake Laberge in die Wildnis. Das Land unter mir zog mich gleich wieder in seinen Bann, obwohl es jetzt ganz anders aussah als bei meinem ersten Flug im vergangenen Sommer. Die Seen waren zugefroren und von einer Schneedecke überzogen, das Grün der Fichten weiß überdeckt. Ein Elch trottete über das Eis des Lake Laberge. Friedliche Stille schien über dem Land zu liegen. Der weiße Schnee verstärkte den Eindruck unberührter und unverdorbener Natur. Ich fühlte mich leicht und frei wie ein Vogel.

Joe brachte die Maschine auf dem zugefrorenen Coghlan Lake südlich meiner Halbinsel sicher zur Landung. Wir luden rasch aus, winkten ihm zu, als er abflog, um Manne und Tommy zu holen, und schleppten dann die mitgebrachten Kisten über das Eis und auf das Plateau der Insel zur Hütte hoch. Als die Maschine gut zwei Stunden später erneut am Coghlan Lake zur Landung ansetzte, hatten wir bereits einen ersten Rundgang hinter uns, außerdem hatten wir den Müll aus der Hütte geräumt.

„Ein wahnsinnig schönes Fleckchen Erde", sagte Manne, als wir fünf, von Kisten umrahmt, vor der Hütte standen.

„Bevor wir hier alle vor Ergriffenheit Wurzeln schlagen, werde ich, Dodo der Schwabe, ehemals Koch bei der Bundeswehr, erst einmal eine heiße Suppe und Tee herzaubern. Ihr könntet inzwischen darüber nachsinnen, wie und wo wir schlafen werden."

Dodos Vorschlag wurde angenommen, allerdings gab es in bezug auf die Schlafstellen nicht viel nachzudenken. Wir hatten keine Wahl und schliefen die erste Nacht auf dem Fußboden der Hütte. Eine harte und kalte Angelegenheit. Wir hatten den verrotteten, fast auseinanderfallenden Ofen zwar am Abend regelrecht zum Glühen gebracht, über Nacht aber war das Feuer ausgegangen und die Hütte ausgekühlt. Der Boden war kaum warm geworden. Als wir uns am nächsten Morgen zerknittert und zerknautscht aus den Schlafsäcken wühlten, stand der Beschluß fest: Zuerst bauen wir ein Bett.

Dodo ging als erster aus der Hütte, um sich um das Frühstück zu kümmern. Während er sich über die Pfanne beugte, die auf dem Petroleum-Kocher stand, setzten wir uns im Kreis auf die um die Hütte herumliegenden Baumpfähle und -stämme und besprachen den Bau des Bettes.

Jeden Morgen neu aufgehackt: unser Wasserloch im See

Nach kurzer Zeit landete der erste Pfannkuchen auf einem Teller.

„Diesen schwarzen, verkrusteten Lappen willst du uns doch wohl hoffentlich nicht als *pancake* verkaufen", protestierte Poldi.

„Doch", erwiderte Dodo grinsend, griff sich einen Hammer und einen Nagel und hämmerte den Eierkuchen an einen Baumstamm.

„Der hier ist mein Muster. So werden sie alle. Wenn euch das nicht paßt, macht euch eure Pfannkuchen selber."

Die Fronten waren klar. Wir hatten die Wahl, Dodos Vorstellung von der Kochkunst zu akzeptieren oder selbst zu kochen. Wir akzeptierten.

Das Bett war nach vier Stunden hergestellt. Wir mußten keine Bäume dafür fällen. Es lagen noch genügend von Gordy gefällte Stämme herum, die sich, äußerlich verrottet, beim Abschälen der Rinde noch als sehr brauchbar erwiesen. Wir sägten vier gleich hohe Pflöcke zurecht und nagelten ein aus längeren Pflöcken hergestelltes Gestell darauf. Stabile Bretter dienten als Verstrebungen. Die Matratze bildete eine dicke Schicht Reisig. Darüber breiteten wir eine große Plastikplane als Schutz vor dem klebrigen Harz und vier dicke Wolldecken als Wall gegen die spitzen Tannen- und Fichtennadeln. Als wir schließlich unsere Schlafsäcke ausrollten, brüllten wir vor Begeisterung wie kleine Jungen. Dodo erfreute uns mit einem Freudentanz, verschwand anschließend aus der Hütte und kam wenige Minuten später mit dicken Wurstbroten wieder.

„Zur Belohnung, als Zwischenmahlzeit", grinste er.

Den Rest des Tages machten wir uns ans Aufräumen. Alle dünnen und dicken Äste und Stämme, die herumlagen, wurden fein säuberlich getrennt auf Haufen gestapelt, Dosen, alter Draht, Blech, Knochenreste in Mülltüten gesteckt. Trotz der kühlen Luft rann uns der Schweiß den Nacken herunter. Tommy, unser Muskelpaket, wie ihn Dodo zu nennen pflegte, und Manne begannen, von der kleinen Freifläche um die Hütte herum das Unterholz aus dem angrenzenden Wald zu schlagen. Dreckverschmiert und mit zerkratzten Gesichtern tauchten sie nach Stunden wieder auf. Dodo belohnte am Abend sie und uns alle mit Roastbeef und Nudeln. Dazu bekamen wir harzig schmeckenden Ahornsirup, den er mit Wasser aus dem See verdünnt hatte. Er hatte Stunden damit zugebracht, ein Loch in die gut einen halben Meter dicke Eisdecke zu klopfen, um überhaupt an Wasser heranzukommen.

Die Knochen taten uns ganz schön weh an diesem Abend, und wir waren hundemüde. Dennoch fühlten wir uns wohl. Wir waren satt, wir hatten eine Schlafstatt, über dem knackenden Ofen baumelten fünf Stiefelpaare zum Trocknen – konnte es einen gemütlicheren Platz geben?

Für Poldi, meinen zwanzig Jahre älteren Bruder, offensichtlich schon.

„Friert ihr gar nicht?" fragte er mitten in der Nacht und setzte sich in seinem Schlafsack auf.

„Vielleicht solltest du wie wir nur dünne Unterwäsche anziehen und dich nicht mit Skihosen oder was du noch alles anhast, in deinen Daunenschlafsack legen. Je weniger du anhast, desto wärmer wird's im Schlafsack", antwortete der neben ihm liegende Dodo.

Poldi folgte dem Rat und schlief den Rest der Nacht friedlich.

Am Morgen kam er, glatt rasiert, nach Rasierwasser duftend, vom See herauf. Mein Bruder Poldi, Staatsbeamter von Beruf!

„Du hast dich doch nicht etwa gewaschen?" fragte Dodo und fuhr sich mit der Hand über seine sprießenden Bartstoppeln. „Na, da wirst du wohl der einzige sein. Ich jedenfalls wasche mich hier in der Wildnis nicht."

Vier Tage setzte sich diese Diskussion fort. Poldi betrieb Körperpflege und mußte sich dafür von Dodo ständig durch den

Poldi bei der Morgenwäsche – bei 15 Grad minus!

Kakao ziehen lassen. Dodo begann allmählich einen penetranten Geruch zu versprühen, hielt sich aber abends die Ohren zu, wenn der neben ihm liegende Poldi ein Referat über Körperhygiene hielt.

Nach vier Tagen schlich Dodo am frühen Morgen wie ein Dieb zum Seeufer. Er wusch sich von da an, wenn auch nur alle drei Tage. Poldi dagegen hob sich mit seinem Körpergeruch nicht mehr allzu deutlich von uns ab. Und die Bartstoppeln waren auch nicht mehr zu übersehen.

Die Gespräche der beiden kreisten von nun an nicht mehr um Fragen der Reinhaltung, sondern darum, wie das schnelle Zufrieren des Wasserlochs verhindert werden könnte. Dodo hatte den Einfall, mittels drei Stangen und einer Wolldecke eine Art Zelt darüber aufzubauen. Er tat es – und meinte, das Eis sei nun morgens mindestens fünf Zentimeter weniger dick als vorher.

Unsere Arbeit ging gut voran. Nach einem weiteren Tag des Ausholzens und Zerschlagens des Unterholzes konnten wir mit dem Fällen der ersten Bäume für die Blockhütte beginnen. Eigentlich hatte keiner von uns Fachkenntnisse im Umgang mit Holz. Das meiste hatte ich noch beizutragen, da ich einige Jahre bei einem alten Berliner Zimmermannsmeister gearbeitet hatte. Er war es auch gewesen, der mir noch in Berlin einige Tips zum Baumfällen gegeben hatte.

Die Qual der Wahl, welcher Baum zu fällen sei, war relativ schnell entschieden. Vier Männer erklärten mir, daß geradegewachsene Bäume mit einem Durchmesser von zwanzig Zentimetern genau die richtigen seien. Ich beugte mich dem Mehrheitsbeschluß, obwohl ich Zweifel hatte.

Poldi stellte sich in gebührendem Abstand vor dem Baum auf, der als erster erwählt worden war. Er hatte nichts weiter zu tun, als die Krone des Baumes zu beobachten und mir durch Handzeichen zu zeigen, in welche Richtung sie sich neigen würde. Ich kniete mich an den Baum. Mit der Kettensäge schnitt ich vorsichtig eine Fällkerbe in die Baumseite, auf die der Baum fallen sollte. Dann brachte ich auf der gegenüberliegenden Seite etwa zwanzig Zentimeter über der Kerbe einen Fällschnitt an. Dieser Schnitt mußte einige Zentimeter vor dem spitzen Ende der Kerbe abgesetzt werden, so daß eine Art Verbindungssteg, der Bruchsteg, stehenblieb. Anderenfalls wäre der Baum sofort nach unten gesackt und dann unkontrolliert zu Boden gefallen. So aber hatte ich vom Moment des ersten Neigens der Krone – die Richtung zeigte mir Poldi an – gut zehn Sekunden Zeit, mich in Sicherheit zu bringen, auch vor dem am Ende aus dem Baumstumpf herausschnellenden Bruchsteg.

Baum um Baum fiel so. Wir bekamen schnell Routine. Manne und Tommy übernahmen das Entasten. Tommy balancierte auf dem gefällten Baum entlang, kappte mit der Kettensäge die Äste, Manne schleppte diese in die Nähe der Hütte und stapelte sie dort zu großen Haufen.

Am Abend pfiff Dodo uns zum Essen zusammen. Wir folgten ihm gern, auch wenn es nur Würstchen und Nudeln gab. Poldi stieß sich an den Kartoffelschalen und anderen Essensresten, die überall herumlagen.

„Mußt du das Zeug überall verteilen? Kannst du den Abfall nicht auf einen Haufen legen und mit einer Plane zudecken?" motzte er Dodo an.

Doch unseren Koch störte das wenig. Er war der Meinung, daß die Sachen verwesen und damit zur Qualitätsbereicherung des Bodens beitragen würden. So sagte er wenigstens. Am nächsten Morgen, als er wie immer als erster aus der Tür trat, hörten wir ihn schreien.

„Ein Wolf! Leute schaut, ein Wolf, dort auf dem Hügel. Meine Köder haben gewirkt. Endlich."

„Deine Köder? Meinst du etwa die überall verstreuten Essensreste?"

„Ach, ist doch egal jetzt. Schaut ihn euch an."

„Ich glaube, du spinnst. Lockt absichtlich Wölfe hierher! Wenn ich dich weiter mit Ködern erwische, kriegst du mit mir Ärger."

„Ach, Poldinger, du würdest doch nie ernsthaft einen Krach mit mir anfangen", sagte Dodo beschwichtigend.

„Da hast du recht", erwiderte Poldi grinsend. „Also laß den Mist freiwillig sein."

Manne mischte sich in den Disput der beiden.

„Beruhige dich, Poldi. Normalerweise fallen Wölfe Menschen nicht an. In einem Buch habe ich gelesen, daß es in ganz Nordamerika nur einen bezeugten Angriff eines Wolfes gegen einen Menschen gibt. Das soll um 1940 gewesen sein, und es wird vermutet, daß der Wolf tollwütig war."

„Ich werde den Wölfen von diesem Buch erzählen, falls sie mich angreifen sollten", sagte Poldi trocken.

Manne hatte an sich recht. In der Regel greifen Wölfe Menschen nicht an. Ihr tödliches Angriffsverhalten wird nämlich durch Reize ausgelöst, die für uns nicht typisch sind, etwa Zeichen der Furcht, Schwäche oder Krankheit. Der strenge Winter ist vorbei, die Wölfe finden jetzt genug Nahrung. Warum also sollten wir für sie interessant sein? Zumal wir hier keine Tiere haben, Hunde oder Hühner oder Kaninchen, die sie anziehen könnten.

Trotzdem waren wir froh, als der Wolf schließlich wieder verschwand – vermutlich hatte ihn Dodos lautes Schreien beunruhigt. Immerhin verstanden wir sein Auftauchen als Warnung. Von nun an lief keiner von uns mehr unbewaffnet durch die Landschaft, die Axt wurde zur Standardausrüstung. Besonders nachts, beim manchmal notwendigen Gang zum fünfzig Meter entfernten Plumpsklo, griff der Geplagte, wer immer es war, zur Axt. Zu Recht. Tommy zumindest behauptete, er habe bei einem seiner nächtlichen Gänge einem Kojoten direkt in die Augen geblickt. So ganz unglaubwürdig schien uns seine Geschichte nicht. Das beunruhigende Gekreische und Heulen, das nachts vom Wald zur Hütte herüberklang, war nicht zu überhören.

An jenem Morgen wandten wir uns nach der ersten, harmlos verlaufenden Begegnung mit einem Wolf wieder unserer Arbeit zu. Wir zogen die am Waldrand gefällten Bäume zur Hütte. Eine harte Arbeit. Wir legten Choker-Ketten um die Baumstämme und verankerten sie an den noch überstehenden Aststümpfen. Sklaven gleich schleppten wir fünf Männer die Bäume an Ketten und Joch hinter uns her. Der Schweiß tropfte uns von der Stirn, der Nacken schmerzte, der Atem ging schwerer und schwerer. Und dennoch fühlten wir uns gut. Unsere Körper wurden gefordert. Wir spürten, zu welchen Leistungen wir fähig waren. Poldi kam schließlich auf die gute Idee, die weiter entfernt liegenden Stämme mittels eines Flaschenzuges aus dem Wald zu ziehen. Eine große Hilfe, wenngleich das Steuern des Baumes in die gewünschte Richtung noch anstrengend genug war.

„Seid mal ruhig", rief Dodo plötzlich.

Wir lauschten alle. Motorenlärm! Joe, nahmen wir an, mit seiner „Beaver". Wir rannten zum See hinunter auf die Eisfläche. Nichts zu sehen. Der Lärm war weiterhin zu hören. Gut eine Viertelstunde warteten wir, ohne einen dunklen Fleck am Himmel ausmachen zu können. Die Stille der Wildnis trug die in sie einbrechenden Geräusche weit vor sich her.

„Da ist er." Fünf Männer starrten in den Himmel. Winkten begeistert.

„Was macht er denn? Warum landet er nicht? He Joe, mach, daß du runterkommst!"

Joe drehte mit seiner Maschine Kreis um Kreis um den See, machte keine Anstalten, zur Landung anzusetzen. Wir winkten immer heftiger, ungehalten. Der wollte uns doch hoffentlich nicht auf den Arm nehmen und wieder von dannen fliegen.

Er tat es nicht. Nach viertelstündigem Kreisen setzte Joe seine Maschine aufs Eis des Sees. Wir stürmten auf die Maschine zu, umringten Joe, als er aus seiner „Beaver" geklettert war, klopften ihm auf die Schultern.

„Hallo, wie geht's? Was gibt's Neues? Warum bist du so lange nicht gelandet?"

„Also Jungs, normalerweise wäre ich wieder abgedreht und nach Whitehorse geflogen. Aber eure Gesten, euer Winken ... Mir ist klargeworden, daß ihr Greenhorns wahrscheinlich gar nicht wißt, was ihr angestellt habt. Ehrlich gesagt, ich habe bei der Landung ganz schön geschwitzt, ich war nicht sicher, ob das Eis die Maschine noch trägt."

„Wie kommst du darauf, daß es nicht mehr tragen könnte?"

Joe zeigte auf Dodos Zelt über dem Wasserloch. „Na, deswegen. Eure drei zusammengestellten Stangen bedeuten hier in der Gegend normalerweise, daß eine Landung unmöglich ist, weil das Eis nicht mehr trägt. Was ist das überhaupt für ein Ding?"

„Wir haben eine Art Wärmespeicher über dem Wasserloch konstruiert, damit es nicht so schnell zufriert."

Joe schüttelte fassungslos den Kopf, drehte sich zur „Beaver" um und griff nach einem Paket.

„Ihr habt ihn eigentlich nicht verdient. Hier – ein Kuchen von Gladys."

Bei Kaffee und Kuchen besprachen wir unseren Rücktransport. Neun Tage noch, dann wollte Joe uns wieder rausfliegen, falls das Wetter es zuließ. Die Verpflegung würde nach Dodos Einschätzung bis dahin reichen.

Nordwind – es wurde wieder kälter. Trotzdem ging die Arbeit gut voran. Wir befaßten uns jetzt vorwiegend mit dem Schälen der Stämme. Je zwei Mann bearbeiteten mit den rasiermesserscharfen Schäleisen einen Baum. Von der Krone und dem Wurzelende aus arbeiteten sie aufeinander zu, schälten fein säuberlich die anderthalb Zentimeter dicke Rinde und die Basthaut ab. Dazwischen fällten wir immer wieder einmal gesunde Bäume als Nachschub, schleppten die bearbeiteten Stämme zum Trocknen in die Sonne. Einige tote Bäume wurden gefällt, zu groben Kloben zersägt und dann zu Brennholz gespalten. Das überall herumliegende Astwerk, das wir einsammelten, verbrannte zu schnell im Ofen, was besonders Koch Dodo zu schaffen machte. Der kochte – als Schwabe – mit Vorliebe Nudelgerichte, doch hin und wieder ließ er sich auch zu Kartoffeln überreden.

An einem dieser Abende kam Dodo wieder zu uns in den Wald. Er erzählte von seinen leckeren Pellkartoffeln, die er Poldi zuliebe auf den Speisezettel gesetzt hatte, packte dabei mit an und trug die abgesägten Äste zu Haufen zusammen. Plötzlich ein fürchterlicher Knall – eine gewaltige Explosion!

„Meine Kartoffeln!" brüllte Dodo, ließ die Äste, die er in der Hand hielt, fallen und rannte zu seiner „Küche" vor der Hütte. Wir hinterher.

Von den Kartoffeln, dem Topf, dem Petroleum-Kocher und einem Zinkeimer fanden wir über hundert Meter verstreut nur noch Überreste. Wegen des recht starken Windes hatte unser einfallsreicher Koch an diesem Tag den Kocher, gefüllt mit einem Liter Petroleum, sowie den Topf mit den Kartoffeln „windgeschützt" in einen großen Zinkeimer gestellt. Zu allem Überfluß hatte er noch einen Deckel auf den Eimer gepackt.

Ich setzte mich auf einem Baumstamm und mußte erst einmal tief Luft holen.

„Das Ding muß hochgegangen sein wie ein Molotow-Cocktail. Dodo, du Irrer, bist du dir darüber im klaren, daß deine Verrücktheit einem von uns das Leben hätte kosten können, wenn wir nicht zufällig alle im Wald gewesen wären? Wenn einer von uns in der Nähe dieses Mordinstrumentes gestanden hätte ..."

Ich wäre Dodo am liebsten an die Gurgel gefahren, hätte ihn schütteln mögen. Wie konnte man nur so leichtsinnig sein! Das war kein Spaß mehr.

Dodo war das selbst bewußt geworden. Niedergeschlagen schlich er in den Wald. Nach Mitternacht erst hörte ich ihn in die Hütte zurückkehren und sich leise aufs Bett legen.

Mit der Axt auf der Suche nach geeignetem Holz

Tags darauf folgten gleich die nächsten Pannen. Erst erwischte ich beim Fällen einen Baum mit Drehwuchs. Im Innern – und für mich nicht erkennbar – verdreht und wie ein Korkenzieher gewachsen, richtete er sich im Fallen auf halber Strecke wieder auf und kippte kreisförmig schwingend auf Poldi und mich zu. Die Sache war nicht besonders brenzlig gewesen, aber sie hatte uns doch gezeigt, welche Tücken die Natur für uns parat haben konnte.

Der nächste Baum begann zu fallen. In die falsche Richtung, wie mir Poldi deutlich anzeigte. Auf mich zu. Ich ließ die Kettensäge noch im Fällschnitt hängen und rannte quer zur Fallrichtung weg. In der Krone krachte und ächzte es – aber der Baum fiel nicht, hatte sich in einem Nachbarbaum verhakt. Nach einigen Minuten wagten wir uns vorsichtig wieder an ihn heran. Die Säge saß fest.

„Ich hole schnell die zweite Kettensäge. Es bleibt uns wohl nichts anderes übrig, als den zweiten Baum so anzusägen, daß beide in die gleiche Richtung wegknicken."

Mir war etwas mulmig. Zwei Bäume auf einmal zu kontrollieren – es würde nicht einfach sein – aber uns blieb keine Wahl. Ich setzte die Kerbe, vorsichtig und in Millimeterarbeit. Poldi ließ den schon abgeknickten und den nun bearbeiteten Baum nicht aus den Augen. Nun setzte ich den Fällschnitt an. Der Baum kippte langsam in die von uns angepeilte Richtung.

„Das gibt's doch nicht", sagte ich, mittlerweile bei Poldi angelangt. Der Baum hatte sich wieder aufgerichtet und rührte sich nicht. „Wenn der jetzt auch nicht fällt – die Kettensäge steckt noch drin . . ."

Ungläubig blickten wir die beiden Bäume an. Dann begann es in den Kronen zu knacken. Kleine Holzsplitter fielen zu Boden. Der zweite Baum neigte sich langsam leicht zur Seite, gewann an Geschwindigkeit, fiel mit einem lauten Knall zu Boden. Zwei Sekunden später lag sein Nachbar, geschlagen und seiner Stütze beraubt, neben ihm.

„Mir reicht's für heute. Die Zeichen stehen nicht gut für uns. Laß uns aufhören und den Rest des Tages Urlaub machen. Noch mehr Spannung halten meine Nerven heute nicht aus."

Poldi hatte recht. Ein schlechter Tag. Wir machten Feierabend und legten uns am See in die Sonne.

Dodo beschloß, sich ein wenig im Wald umzusehen.

„Nimm die Axt mit", rief ich ihm nach. „Und sei in zwei Stunden zurück. Ansonsten machen wir uns auf, dich zu suchen."

„Geht in Ordnung. Dann muß ich eh mit dem Kochen anfangen." Seit Dodo den Hüttenofen als Herd benutzen mußte, dauerte alles immer doppelt so lange, und er hatte seinen Zeitplan entsprechend ändern müssen.

Wir genossen diesen Nachmittag, fühlten die warmen Sonnenstrahlen auf dem Gesicht. Übermütig seiften wir uns gegenseitig mit Schnee ein. Ein Schneehase hoppelte über das Eis. Am Südende des Sees eine Rabenkolonie.

Ich atmete tief die klare Luft ein, genoß den Harzgeruch an meinen Kleidern, schloß die Augen und träumte. Friedliche Ruhe lag über dem See. Plötzlich hörten wir das Klappern der Blockhüttentür.

„Das muß Dodo sein. Was schleicht er denn so in die Hütte? Kann der nicht mal runterkommen und sagen, daß er wieder da ist?"

Poldi ging zur Hütte hinauf, um zu schauen, ob alles in Ordnung sei. Nach einer Viertelstunde kam er zurück und setzte sich wieder neben mich.

„Und, was ist los?"

„Nichts. Alles okay."

„Erzähl mir nichts. Ich sehe dir an, daß etwas passiert ist. Hat Dodo wieder etwas angestellt? Hat er seine Hand in eine Bärenfalle gesteckt, um herauszufinden, was es für ein Gefühl ist, wenn sie zuschnappt?"

„Du bist ziemlich nahe dran. Aber keine Aufregung. Es ist nicht weiter schlimm."

„Wie schlimm ist es denn?"

„Also, wie Dodo mir erzählt hat, hat er nichts weiter gemacht, als sich auf einen Stein gesetzt."

„Und weiter?"

„Dann hat er seine Axt über den Kopf nach hinten geworfen. Einfach so, aus Spaß. Um zu sehen, wo sie landet."

„Und nun hat er sie verloren?"

„Nein, er hat sie noch. Aber... aber er hat sie so ungeschickt nach hinten geworfen, daß er sich damit die Kopfhaut aufgeschnitten hat. Nicht tief. Ich habe die Wunde schon gewaschen, desinfiziert und mit Pflaster verklebt. Gegen Tetanus ist er ja geimpft. Ich sag doch, es ist nicht weiter schlimm."

„Hör zu, heute faßt keiner von uns noch irgendeinen scharfen oder spitzen Gegenstand an. Keine Axt, kein Messer – und auch keine Streichhölzer."

„Auch keine Gabel?" fragte Poldi grinsend.

Ich rollte mich brummend auf die Seite.

Die letzten vier Tage ließ die Wildnis uns in Ruhe, und wir kamen mit unserer Arbeit zügig voran. Der Wind wehte aus dem Süden und brachte nicht nur Sonnenschein, sondern auch etwas wärmere Temperaturen. Die Oberfläche des Eises auf dem See wurde weicher und matschig. Wir hofften, daß es nicht zu schnell wegtaute, da Joe sonst Probleme haben würde.

Als wir am Morgen des Tages, an dem uns Joe abholen wollte, in der Sonne vor der Hütte frühstückten, glitt mein Blick noch einmal über das Gelände. Der Platz vor der Hütte war aufgeräumt und geharkt, die Hütte selbst war sauber. Rechts neben uns lagen acht zerschnittene und zersägte Brennholzbäume, zu Stapeln aufgeschichtet, links in der Sonne waren fünfzig säuberlich geschälte Bauholzstämme zum Trocknen gelagert. Wir hatten gute Arbeit geleistet. Konnten mit uns zufrieden sein.

Ein Erdhörnchen, mit dem wir uns in den zwei Wochen angefreundet hatten, kam aus seinem Bau unter der Hütte hervorgekrabbelt und setzte sich auf Tommys rechten Fuß.

„Na, du Zwerg, ich werde dich vermissen", sagte Tommy und gab dem possierlichen Tier eine Nuß. In der Ferne hörten wir Joes „Beaver" brummen.

Nach einer letzten gemeinsamen Übernachtung in Whitehorse brachte ich meine Freunde am nächsten Morgen zum Flugplatz. Der Abschied fiel uns schwer. Es war eine schöne, wenn auch anstrengende Zeit gewesen.

Und dann wurde Whitehorse für mich wieder Zentrum des Einkaufs und der Bürokratie. Ich besorgte Verpflegung für eine Woche, holte mir beim Polizeirevier den Waffenschein und bei August die „Remington Bush Master". In Joes Büro stand bereits das 40-Watt-Funkgerät, das noch bezahlt werden mußte. Die Lizenz erhielt ich bei der Telefonbehörde. Meine Rufnummer war: SQ 830. Gegen Abend erstand ich schließlich noch bei Hougens einen sogenannten „Yukon-Ofen". Er hatte die Form einer Tonne. An der Vorderseite befand sich ein Luftloch, und ein Schornsteinrohr sorgte für den Abzug. Das Brennholz wurde von oben eingelegt, nachdem man den Deckel des Ofens abgenommen hatte. Das Gerät war aus einfachem Blech, war daher leicht und gut zu transportieren.

Nachdem Joe mich am nächsten Tag noch einmal für eine Woche auf meinem Grundstück zurückgelassen hatte, war der Austausch des Ofens meine erste Tat. Den alten stellte ich draußen in gebührendem Abstand zur Hütte auf. Hier konnte er zum Kochen im Freien genutzt werden. Der neue Ofen bekam seinen Standort in einer Ecke der Hütte. Aus Sicherheitsgründen füllte ich seinen Boden mit Sand aus. Damit sollte verhindert werden, daß sich die Glut durch das Blech fraß. Ich fühlte mich bereits wie ein erfahrener Yukoner.

Als nächstes nahm ich mir vor, die unzähligen Löcher und Ritzen mit Moos zu füllen, die in meiner Hütte unaufhörlich für Zugluft sorgten. Gut zwei Tage war ich damit beschäftigt. Dann war alles abgedichtet, außerdem war die immer leicht klemmende Tür gerichtet und „schließfest" gemacht.

Die nächsten Tage standen ganz im Zeichen der Erholung. Ich schlief lange und ruhig und genoß das lange Frühstücken vor der Hütte. In diesen Tagen machte ich auch meine ersten Schießübungen, deren Erfolgsquote ich lieber für mich behalte. Auf ausgedehnten Spaziergängen probierte ich mich als Fährtenleser, versuchte die Spuren im Schnee den richtigen Tieren zuzuordnen. Manchmal saß ich am See und schnitzte kleine Frühstücksbrettchen zurecht. Mein Leben war unbeschwert, ich fühlte mich rundum wohl.

Einmal hörte ich Motorenlärm über mir. Ich blickte hoch, stellte die Kaffeetasse ab – da waren sie schon gelandet. Die Forstpolizisten mit ihrem Hubschrauber.

„Hi, Konrad, wie geht's?"

„Danke, gut. Wo sind Sie bloß so schnell hergekommen? Ich habe Sie erst kurz vor der Landung gehört."

„Das war auch unsere Absicht. Wir haben uns quasi auf der anderen Seite des Berges an Sie herangeschlichen, weil der Berg dort den Lärm des Motors abschirmt. Und dann haben wir uns blitzschnell von oben herunterfallen lassen. Das ist eine alte Forstpolizei-Taktik. Auf diese Weise können eventuelle Übeltäter nicht schnell noch Beweise ihrer Straftat wegpacken."

Wir tranken gemeinsam einen Kaffee, plauderten über das Wetter, die Wildnis, die Welt. Dann wurde es noch einmal dienstlich.

„Bitte zeigen Sie uns dann doch noch Ihre Baumfällgenehmigung, die Lizenz fürs Funkgerät und Ihren Pachtvertrag."

Sorgfältig prüften sie meine Unterlagen, schritten mein Grundstück ab, zählten die gefällten Bäume.

„Okay. Alles in Ordnung. Viel Glück, Konrad. Bis zum nächsten mal."

Ein strammer Gruß, wie es sich für Polizisten gehört, und fort waren sie.

Mit der Ruhe war es danach vorbei, denn Joe versuchte mich über Funk zu erreichen.

„Konrad, für morgen und übermorgen ist schlechtes Wetter angesagt. Ich weiß nicht, ob ich dich dann rausholen kann. Könntest du heute schon deine Sachen packen? Ich würde dann gegen sieben Uhr vorbeikommen und dich abholen."

Einem alten Hasen wie Joe zu widersprechen wäre Dummheit gewesen. Ich sagte also ja und begann meine Sachen zusammenzupacken.

Zu meiner Überraschung kam Joe nicht allein. Dennis war mit im Flugzeug. Er hatte seine Hütte am Lake Laberge kontrolliert und seine Felle vom letzten Winter eingesammelt. Ich erzählte den beiden aufgeregt von meinen morgendlichen Besuchern.

„Gut, ich sehe ein, daß die Leute in der Wildnis auch überprüft werden müssen. Aber lustig finde ich es nun nicht gerade, daß die in Sekundenschnelle auf meinem Grundstück landen und mich bei sonstwas überraschen."

Dennis schmunzelte, nickte weise mit dem Kopf.

„Es gibt eine ganz einfache Methode, das zu verhindern. Auf deinem Grundstück bietet sich nur eine Stelle als Hubschrauberlandeplatz an. Bei mir ist das ähnlich. Ich habe die Antenne des Funkgerätes quer über diesen Platz gespannt. Das könntest du auch machen. Allerdings mußt du dies öffentlich über Funk bekanntgeben, damit jeder darüber informiert ist. Vor ungeladenen Besuchern bist du dann geschützt. Nicht allerdings vor den wachsamen Augen des Gesetzes. Es kann nämlich vorkommen, daß die Beamten vom Hubschrauber aus Fotos machen und dich auf diese Art überprüfen. Das stört aber kaum, wenn man keinen Dreck am Stecken hat."

„Dennis, du alter Hase", meinte Joe, „gib nicht zu viele Tricks preis. Laß ihn erst ein paarmal auf die Nase fallen. Das tut unserem Greenhorn sicher mal ganz gut."

„Wart's ab, Joe. Es wird schon noch der Tag kommen, an dem ich mit euch mithalten kann!"

Ich lachte die beiden an. Es tat gut, Freunde zu haben.

So wird's gemacht

Das Gelände der „Allan Mackie School of Log Building" in Prince George (British Columbia) lag mitten im Wald, nur über eine einzige Straße erreichbar. Die fünfzig Schüler und Lehrgangsteilnehmer waren zu je vier Mann in kleinen Blockhütten auf dem Gelände der Schule untergebracht.

Die Bedingungen dieser kanadischen Blockhausbauschule waren hart. 2000 DM kostete die Teilnahme an dem Lehrgang. Alle benötigten Werkzeuge wie Äxte, Schäleisen, Kettensägen einschließlich Benzin mußte jeder Schüler selbst mitbringen. Versorgen mußten sich die Schüler ebenfalls auf eigene Kosten. Dabei gab es keine Erfolgsgarantie. Die Durchfallquote von 70 Prozent sprach sich unter den Schülern schnell herum. Wer von Allan als ungeeignet und unfähig betrachtet wurde, flog aus der Schule, mußte den Lehrgang abbrechen, ohne das Schulgeld zurückerstattet zu bekommen. Ich akzeptierte die Bedingungen. Ich wollte lernen.

Der Tagesablauf war genau festgelegt. Morgens um 9 Uhr begann der zweistündige Theorie-Unterricht. Anhand von Zeichnungen auf der Wandtafel und Holz-Musterstücken erklärte Allan uns, worum es ging. Anschließend zeigte uns der allzeit fidele Mann, wie die Theorie in der Praxis aussah. Die sauberen Schnitte und Holzarbeiten, die er uns vorführte, mußten wir einzeln nachexerzieren. Allan sparte dabei nicht mit Kritik.

Von 13 bis 18 Uhr wurde dann das Erlernte beim gemeinsamen Hausbau umgesetzt. Bei einem Blockhaus, dessen Holz zwar die Schule gekauft hatte, das aber mit unserer Arbeit errichtet wurde. Und das die Schule am Ende verkaufte. Das Geld dafür wanderte natürlich in ihre Tasche. Wir lernten dafür so ziemlich alles, was ein *log builder* wissen muß – angefangen mit dem Baum.

„Seit dem Aufkommen der Landwirtschaft“, so Allan, „sah der Mensch im Baum immer einen Feind, der ihn durch sein Vordringen auf Weiden und Felder bedrohte. Die Bauern führten unaufhörlich Krieg gegen ihn und versuchten ihn von ihrem Land fernzuhalten. Mit dem Aufkommen der Bulldozer war das für sie leichtes Spiel. Baum um Baum fiel – und fällt – ohne Sinn und Zweck, wird der Fäulnis preisgegeben oder verbrannt. Nun, wir wissen um den Wert des Baumes. Er ist ein ideales Baumaterial.“

Und nun erklärte uns Allan, daß der Körper eines Baumes aus dicht zusammengepreßten Hohlzellen besteht, die unter dem Mikroskop wie Honigwaben aussehen. Wenn der Baum gefällt und ausgetrocknet ist, werden diese winzigen, verplombten Lufttaschen zu perfekt isolierendem Baumaterial, weshalb ein Blockhaus im Sommer so kühl ist.

Für ein Blockhaus von über fünfzig Quadratmetern, wie wir es zu bauen vorhatten, benötigten wir Bäume, die an ihrem unteren Ende einen Durchmesser von mindestens vierzig Zentimeter – ohne Rinde – aufweisen mußten, lernten wir von Allan.

Ich schluckte. Was hatte er da gesagt?

„Die ideale Zeit des Fällens sind die Monate April und Mai. Dann können die Bäume gut ein oder zwei Monate lagern. Unbearbeitet natürlich. Das Schälen muß unmittelbar vor Baubeginn erfolgen. Geschälte Bäume, die zu lange gelagert werden, bekommen Risse, und ihr könnt sie wegwerfen.“

„Nein“, sagte ich, „Allan, das muß nicht so sein, oder? Man kann auch Glück haben?“

Ich erzählte von meinen nur zwanzig Zentimeter Durchmesser

aufweisenden, sauber geschälten und in der Sonne trocknenden Bäumen auf meinem Grundstück.

„Die kannst du vergessen. Aus diesen kleinen Bäumchen kannst du Hundezwingerpfosten machen – oder Treppenpfosten."

Mehr hatte Allan dazu nicht zu sagen. Aber diese zwei Sätze waren niederschmetternd. Die nächste halbe Stunde saß ich apathisch im Klassenraum, hörte nicht ein Wort von dem, was Allan erzählte.

Alles umsonst! Fünfzig Bäume vollkommen sinnlos gefällt! Zwei Wochen Arbeit für nichts! Mir war zum Heulen.

„Ich fasse also noch einmal zusammen. Baumauswahl: zuerst auf hundert Meter Entfernung, dann dicht am Baum. Möglichst bis auf zehn Meter Höhe geradegewachsene Bäume. Bedenkt dabei, daß ihr nicht nur einen Baum fällen wollt, sondern daß dieser möglichst unversehrt zu Boden kommen soll. Versucht, daß der Baum in eine Richtung und auf eine Stelle fällt, wo er viel Platz hat und nicht mit anderen Bäumen kollidiert. Bei starkem Wind sollte keiner von euch mit der Säge an einen Baum herangehen. Wenn ihr euch dann an die Fällkerbe und den Fällschnitt macht, achtet immer auf den Partner, der euch anzeigt, wie der Baum fällt. Sein rechter, senkrecht hoch über den Kopf gestreckter Arm gibt die Richtung an. Hört nicht auf, diesen Arm in seiner Bewegung zu verfolgen. Manch ein Baum kann mit bösen Überraschungen aufwarten. Er überlegt sich – schon im Fallen – noch einmal die Richtung. Laßt die gefällten Bäume dann nicht lange herumliegen. Das stört bei der Arbeit. Da ihr in der Regel im Wald auf Elektrizität verzichten müßt, bleibt euch nur der Flaschenzug als Hilfe beim Herausziehen. Einfache Hilfsmittel sind kleine Baumstämme, die als Rollen unter den Baum gelegt und immer wieder von hinten nach vorn getragen werden."

Allan verlangte von uns jede Minute volle Konzentration. Schlag auf Schlag ließ er Informationen auf uns niederprasseln. Und er erwartete, daß wir genau zuhörten. Es galt, keine Zeit zu verlieren. Nur ein Monat stand uns zur Verfügung. In dieser Zeit mußte er nicht nur fünfzig Schüler ausbilden, sondern gleichzeitig ein Haus mit ihnen bauen. Vom Fundament bis zu den Dachschindeln. Mit Türen und Fenstern, Treppen und Veranda.

Der Bauplatz für das Haus war bereits vorbereitet und perfekt planiert. Eine Arbeit, die mich und meine Freunde auf meinem Land später einen Monat Zeit kostete.

Am kompliziertesten erschien uns Schülern die Arbeit am Fundament, das exakt ausgemessen werden mußte. An den vier Eckpunkten ließen wir Pfosten von 40 Zentimeter Durchmesser und 1,50 Meter Länge so ins Erdreich ein, daß sie noch einen halben Meter aus dem Boden herausragten. Auf der Linie der Längsseiten des geplanten Hauses ließen wir zudem in gleichem Abstand zueinander je zwei, auf der Linie der Querseiten je einen Pfosten in die Erde ein. Insgesamt zehn stabile Pfosten, auf denen wir nun horizontal die erste Lage von vier Baumstämmen verankerten. In die zweite Lage Längsstämme wurden im Abstand von 80 Zentimetern parallel zu den Querstämmen Balken eingezapft, die wir von unten mit Brettern vernagelten. Ehe wir über die gesamte Innenfläche des Hauses die eingezapften Balken mit Fußbodendielen belegten, füllten wir den darunterliegenden Hohlraum zur Isolation mit Sägespänen.

Allan kannte mit uns kein Erbarmen. Er überprüfte jede von uns gezogene Linie, korrigierte die kleinsten Unebenheiten. „Das Fundament muß absolut perfekt sein. Manch ein scheinbar stabiles Blockhaus ist schon zusammengebrochen, weil die Arbeit beim Fundament schlampig ausgeführt wurde."

Dann begannen wir Stamm für Stamm die Wände hochzuziehen. Sie unterschieden sich in einem entscheidenden Punkt von meiner alten Blockhütte auf meinem Land. Während es bei dieser notwendig war, die Lücken und Ritzen zwischen den aufeinanderliegenden Stämmen mit Moos zu füllen, um die Hütte abzudichten, entfiel dieses Problem bei der Konstruktion à la Allan Mackie.

Der geschälte Stamm muß auf Querhölzern gelagert werden, damit er nicht mit dem feuchten Boden in Berührung kommt

Seine Konstruktion entsprach, so erklärte er uns immer wieder stolz, der Bautechnik der Wikinger. Die Schnittpunkte der Längs- und Querbalken wurden konkav ausgeschnitten. Allan übertrug die Struktur der Oberkante des unten liegenden Stammes exakt – mit jeder kleinen Ausbuchtung – über einen Zirkel auf die Unterkante des oben aufzulegenden Baumes. Anschließend schnitt er in den oberen Baum über die gesamte aufliegende Fläche eine tiefe V-Kerbe, deren Ränder auf dem unteren Baum aufsetzten. Der Hohlraum der Kerbe wurde mit Moos ausgefüllt.

Ich beschloß, diese Methode auf jeden Fall bei meinem Blockhüttenbau anzuwenden. Eine bautechnisch sicher richtige Entscheidung. Aber sie sollte mir und meinen Freunden zwei Wochen später viel Konzentration abverlangen.

Unsere Musterhütte wuchs schnell in die Höhe. Unter dem angestrengten Einsatz von fünfzig eifrigen Schülern waren bald die Wände hochgezogen, die Fensteröffnungen vorbereitet und ausgeschnitten, das Dach konstruiert und mit Schindeln belegt. Wir waren stolz auf unser Werk. Für Allan war es natürlich eine Selbstverständlichkeit. Er drängte uns weiter zur Arbeit, forcierte das Tempo beim Treppenbau und der Dachinnenverschalung.

Körperlich glaubte ich, am Ende zu sein, als das Haus endlich fertig vor uns stand. Aber ich konnte gleichzeitig auch nicht verhehlen, daß ich mächtig stolz war. Wir Schüler waren nicht die einzigen, die sich vor Begeisterung auf die Schultern klopften. Allan, dieser kleine, stämmige Mann, der uns über Wochen getriezt und gescheucht hatte, war nicht nur begeistert, er schien auch gerührt. Zum erstenmal setzte er sich am letzten Abend mit uns zusammen, trank beim Schein des Lagerfeuers ein paar Gläser Bier und nahm sich Zeit für persönliche Gespräche. Erst jetzt fiel die Anspannung, die während des gesamten Projektes auf ihm gelastet haben mußte, von ihm ab.

„Wißt ihr, wenn ich eines Tages für immer die Axt aus der Hand legen muß, möchte ich das in dem Wissen tun, daß ich dazu beigetragen habe, daß sich die Kanadier echte kanadische Heime bauen können – auf ihrem eigenen Land, von niemandem abhängig, frei von importierten Materialien. Auf meine Art führe ich einen Kampf gegen die Überindustrialisierung, weil ich erkannt habe, daß nur unabhängige Menschen in einem unverdorbenen Land die Basis bilden können für das Wichtigste: das Leben im Einklang mit der Natur. So wie es diesem Land, in dem wir leben, entspricht."

Allans Worte klangen mir noch in den Ohren, als ich im Flugzeug nach Whitehorse saß. Er hatte uns viel beigebracht. Nicht nur was die Technik des Bäumefällens, Bearbeitens und des Blockhüttenbaus betraf. Er hatte uns auch ein Gefühl für das Leben mit der Natur zu vermitteln versucht. Ich hatte begriffen, daß für ihn eine Blockhütte nicht nur eine Blockhütte war. Sie war für ihn ein Symbol, ein Symbol Kanadas. Des wilden und ungebrochenen Kanadas.

Allan hatte mich begeistert. Ich wollte ein Haus bauen, auf das er stolz sein würde.

Ein fast fertiges Blockhaus

Als ich in Whitehorse eintraf, waren meine Freunde schon da. Sie empfingen mich am Flughafen. Dodo, diesmal in Begleitung seines besten Freundes Micki, Karl und Peter, zwei Berliner Freunde, und Jerry, ein Amerikaner, den ich während seiner Armeezeit in Berlin kennengelernt hatte.

Ich wußte, daß ich ihnen das peinliche Malheur mit den unnötig gefällten Bäumen so früh wie möglich beibringen mußte. So tat ich es gleich beim ersten gemeinsamen Abendessen. Sie schwiegen.

„Das heißt also im Klartext, daß wir wieder ganz von vorne anfangen müssen. Die nächste Zeit fällen wir erst einmal Bäume, wie gehabt. Sehe ich das richtig?" fragte Dodo, der im April bereits einige Erfahrung auf diesem Gebiet gesammelt hatte.

„Ich fürchte, du triffst genau den Punkt."

Wir schwiegen wieder. Dodo schüttelte fassungslos den Kopf. Endlose Minuten vergingen, ehe sich die Spannung löste. Dodo begann zu kichern, verfiel schließlich in ein lautes Lachen. „Mein Gott, sind wir dämlich. Wir haben das wohl echt nicht anders verdient. Wer den Pfannkuchen ißt, ehe er fertig ist, verdirbt sich den Magen. Wer Bäume fällt, ohne sich vorher genau zu informieren, fällt eben zweimal."

So lustig wie Dodo fanden die Beamten der Forstbehörde meine Geschichte nicht. Während die Gruppe für uns die Verpflegung einkaufte, hatte ich mich auf den Weg gemacht, meine zweite Baumfällgenehmigung zu besorgen.

„Wollen Sie Ihre Halbinsel kahlschlagen?" fragte der Beamte mich schroff, als ich den Antrag stellte, erneut etwa fünfzig Bäume Nutzholz bester Qualität auf meinem Grundstück fällen zu dürfen.

„Dieses Mal geht das noch klar, aber sehen Sie zu, daß Sie nicht wieder die falschen Bäume erwischen!"

Vielleicht fehlte uns der Mut, sofort mit dem Fällen anzufangen. Vielleicht fürchteten wir – ohne es zuzugeben –, wieder Fehler zu machen. Auf jeden Fall verschoben wir diese Arbeit, nachdem wir auf meinem Land angekommen waren, um einige Tage. Es gab genug anderes zu tun.

Allan hatte mir während des Lehrgangs in Prince George klargemacht, daß ein um ein Lagerfeuer gelegter Steinkreis keineswegs ausreicht, um ein Übergreifen des Feuers zu verhindern. Karl und ich machten uns deshalb die nächsten Tage daran, dreißig Meter von der kleinen Hütte entfernt, am Südrand der Halbinsel, Erdreich in einem fünf Meter messenden Kreis umzugraben und aufzulockern. Diese Fläche brannten wir mit großen Holzkloben mehrmals aus. Wir buddelten die Glut ins Erdreich und verbrannten so – unter ständiger Überwachung – die auf dieser Fläche unterirdisch liegenden Wurzeln. Allan hatte uns erklärt, daß manch ein Buschfeuer dadurch entstehe, daß Wurzeln die Glut unter der Erde weitertragen. An anderer Stelle, manchmal über hundert Meter entfernt, könnte es dann an der Oberfläche wieder ausbrechen.

Nach dem Ausbrennen der Fläche legten wir sie mit Steinen aus und fällten noch einige kleinere, in unmittelbarer Nähe stehende Bäume. Sicherheitshalber stellte ich noch einen Wassereimer direkt neben unsere Feuerfläche und bat mir aus, daß das Wasser nach Verbrauch immer sofort wieder aufgefüllt wurde.

Peter und Jerry säuberten in dieser Zeit einen alten Holzschuppen, den ich, da er mit Müll angefüllt war, bislang immer bewußt übersehen hatte. Durch den Einsatz der beiden stand uns zwei Tage später ein sauberer Werkzeugschuppen zur Verfügung. Dadurch gewannen wir Platz in der Hütte, die bis dahin gleichzeitig auch Werkzeugkammer gewesen war.

Micki versuchte sich an einem ersten Stuhl für unsere Hütte. Aus herumliegenden dünnen Baumstämmen und einer Scheibe von einem unserer unnötig gefällten Erstlingsbäume gelang ihm tatsächlich ein ansehnlicher Hocker, auf dessen Stabilität man sich verlassen konnte.

Dodo spielte wieder den Koch. Seine morgendlichen *pancakes* waren nun nicht mehr schwarz verkrustet, dafür mehrere Zentimeter dick. Wir maulten.

„Habt ihr euch schon mal überlegt, daß ich immerhin sechs kräftige Burschen durchfüttern muß? Bei eurem Appetit müßte ich für jeden von euch mindestens zehn, also insgesamt sechzig Pfannkuchen am Morgen produzieren. Ihr seht sicher ein, daß das unmöglich ist. Also mache ich sechs Stück in einer Stärke von je zehn. Das ist nur logisch – und spart Zeit."

„Aber bleibt dir nicht selbst dieses pappige Zeug im Mund stecken?" fragte Micki.

„Wir leben hier in der Wildnis, mein Lieber. Wie hier was schmeckt, ist unwichtig. Hauptsache, dein Körper erhält genug lebenswichtige Kohlenhydrate, Fette, Eiweiß, Vitamine und Mineralien, daß du arbeiten kannst. In welcher Form und Zusammenstellung ist nicht von Bedeutung."

Dodo gewann wie immer. Wir akzeptierten alles, was er auf den Tisch brachte. Auch seinen Kakao. Zum Rhythmus eines Trapperliedes schüttete er fröhlich pfeifend abwechselnd Milchpulver und Kakao in die großen Blechkannen, goß Wasser darauf, rührte dreimal um und knallte die Kannen auf unseren alten, wackelnden Holztisch.

„Wasser mit Klößen" nannte Peter das Gebräu, aber er schluckte den „Kakao" wie wir anderen auch brav hinunter.

Ich trat aus der Tür. Die Sonne ging gerade auf, die Vögel zwitscherten, über dem See lag noch Nebel. Ich fröstelte ein wenig, gerade der Wärme des Schlafsackes entstiegen. Das Thermometer zeigte 5 Grad Celsius an. Ich atmete tief und entspannt durch. Dodo stand am alten Yukon-Ofen und rührte in einem großen Topf einen Müsli-Brei zurecht. Im Gemeinschaftszelt hörte ich Micki mit dem Geschirr klappern. Ich war durch und durch zufrieden.

An diesem Morgen meldete Joe sich über Funk. Er war schlecht zu verstehen. Seine Stimme wurde von Knarren und Rauschen überdeckt.

„Deine Hunde sind eingetroffen. Aber ich kann sie dir heute nicht rausbringen. Ich habe Probleme mit der Maschine."

„Wie lange wird das dauern?"

„Es kann sein, daß du noch zwei Tage warten mußt."

„Gut. Danke, daß du mir Bescheid gesagt hast. Hast du Trockenfutter für die Hunde besorgt?"

„Ja, vier große Kisten. Sie stehen hier. Also, bis übermorgen, wenn das Wetter es zuläßt."

Joe sagte das immer zum Abschluß eines Gespräches. Dabei war dieser Satz vollkommen unnötig. Jeder, der in der Wildnis lebte, wußte, daß Joe vom Wetter abhängig war. Und das konnte einen Start seiner Maschine zuweilen um Tage verzögern.

Peter hatte an meiner Seite dem Gespräch zugehört.

„Wo wollen wir deine Hunde eigentlich unterbringen? Wir können sie hier sicher nicht frei herumlaufen lassen, und sie den ganzen Tag über an die Kette zu legen, ist sicher auch weder in deinem noch in ihrem Sinn."

„Du hast recht. Wir sollten so schnell wie möglich einen Zwinger bauen, in dem sie sich frei bewegen können. Laß mich überlegen. Holz haben wir genug – ich meine die dünnen Spargel, die wir im April gefällt haben. Ich könnte Joe bitten, mir alles Notwendige für einen Elektrozaun zu besorgen."

Wir nahmen das Projekt bereits nach dem Frühstück in Angriff. Nachdem wir die Baumstämme zu Pfosten zersägt hatten, wählten wir eine gut 3000 Quadratmeter große Fläche nordöstlich der Hütte als geeignetes Gebiet aus. Karl hielt den Pfosten, und ich begann ihn mit dem Hammer in die Erde zu treiben. Jerry betrachtete mich verwundert, neigte den Kopf leicht zur Seite und begann auf den Zehen zu wippen.

„Hör mal, Konrad, in Amerika machen wir das aber ganz anders."

„Und wie macht ihr das?"

„Besser!" sagte Jerry. Er ging zur Hütte, kam mit dem Küchentisch zurück und holte anschließend Mickis Hocker. An der Stelle, an welcher der angespitzte Pfosten in den schweren Kiesboden geschlagen werden sollte, stellte er beides aufeinander, griff einen 25-Pfund-Hammer und stieg über den Tisch auf den Hocker.

„So, und nun müssen zwei Mann von euch den Pfosten halten. Das geht am besten, wenn ihr euch unter den Tisch hockt und von dort unten den Pfosten festhaltet."

„Das tue, wer will. Ich setz mich da nicht hin. Wenn du daneben

Jerry, der „Hammer", beim Pfosteneinschlagen

schlägst, saust der Hammer direkt auf mich zu", wehrte ich ab.

„Aber du sitzt doch sicher unter dem Tisch. Außerdem – ich schlage nicht daneben." Jerry grinste.

„Das sagst du. Und wer beweist mir das?"

„Wenn die Arbeit fertig ist, hast du den Beweis."

Micki und Dodo zeigten den erforderlichen Wagemut, kletterten unter den Tisch und hielten den Pfosten. Ich mochte kaum hinschauen. Jerry, 1,90 Meter groß, 80 Kilo schwer, holte aus. Mit gestrecktem Arm führte er den vor seinen Beinen hängenden Hammer rückwärts über den Kopf und schwang ihn kraftvoll nach vorne. Der Hammer traf den Kopf des fünfzehn Zentimeter dicken Pfostens exakt. Holz splitterte, und der Pfosten versank fast zwanzig Zentimeter im Boden.

„Ein Wahnsinnsschlag Jerry, ist ja irre. Nur deiner Kraft hält der Kopf des Pfostens nicht stand. Siehst du, er ist total zersplittert."

„Quatsch nicht so blöd. Hol lieber Stahldraht, damit wir die Pfosten oben verstärken können."

Jerry trieb die nächsten Tage insgesamt fünfzig Pfosten in die Erde. Er schlug nicht einmal daneben.

Zwei Tage später waren sie da, meine Hunde. Wir mußten sie aus dem Flugzeug tragen. Joe hatte sie leicht betäubt. Auf diese Weise hatte er Platz gespart. Statt in Hundekisten im Laderaum lagen sie zusammengerollt zwischen den Passagiersitzen auf dem Boden. Schläfrig blickte mich Baro, mein Leithund, an.

„So friedlich bist du selten, was, mein Alter?"

Sein rechtes Ohr schien noch stärker herunterzuhängen als gewöhnlich.

„Was ist eigentlich mit seinem Ohr passiert?" fragte Micki, der meinen Hund zum erstenmal sah.

„Das hat ihm vor ein paar Jahren ein Trapper in der Arktis abgeschossen. Eine schlimme Sache. Mein Bruder Ekkehard und ich waren dort, um mit unseren Hunden per Schlitten das Eis zu durchqueren. In jener Zeit gab es dort eine gesetzliche Bestimmung, nach der frei herumlaufende Hunde erschossen werden konnten. Mein Bruder und ich sind am Ende unserer Expedition mit den Hunden spazierengegangen – und haben sie dabei frei herumtollen lassen. Baro war etwa zweihundert Meter vor mir, als ich rechts von ihm eine Gestalt sah, die auf ihn zielte. Ich habe noch gerufen, um darauf aufmerksam zu machen, daß es sich nicht um einen herrenlosen Hund handelte. Aber der Mann hat trotzdem abgedrückt. Baro wandte zum Glück in diesem Moment den Kopf in meine Richtung, wohl wegen meines Geschreis. Das war sein Glück. Die Kugel hätte ihn sonst sicher tödlich getroffen. So aber erwischte sie nur Baros Ohr."

„Das klingt ja grausam."

„Es war grausam. Baro hat gejault vor Schmerzen. Da kein Tierarzt in der Nähe war, haben wir ihm das Ohr selbst wieder annähen müssen. Mit einem einfachen Faden und einer Nähnadel. Ein blutiges Unterfangen, sag ich dir. Na, und das Resultat siehst du. Das Ohr ist noch dran, wenn es auch ziemlich schlaff herunterhängt. Aber das macht nichts. Baro ist trotzdem der beste Husky und Leithund, den es gibt. Hat an seinem Kampfgeist und seiner Einsatzbereitschaft bei extremen Expeditionen oder sportlichen Hundeschlittenrennen nichts verloren."

Peter hatte während meiner Schilderung Kirow und Kodiak angekettet, zwei friedliche Huskies, nicht nur wenn sie betäubt waren. Ich setzte die beiden, die übrigens Brüder waren, im Hundegespann immer an zweiter Stelle hinter Baro ein. Mit ihrem friedlichen, fast gesetzten Wesen wirkten sie wie eine Art Puffer zwischen dem temperamentvollen Baro und den swing dogs, den blauäugigen Geschwistern Ivalu und Erneneq. Karl, der diese beiden stets nervösen und zappeligen Clowns bei ihrer Ankunft an die Kette legte, entwickelte zu ihnen ein ganz besonderes Verhältnis. Unruhig, wie die beiden waren, jaulten und quiekten sie zuweilen zum Herzerweichen – stundenlang!

Und manchmal machte auch uns dieses Gefiepe nervös. Dann ging Karl in den Zwinger, griff sich die beiden, hielt sie rechts und links unterm Arm und redete besänftigend auf sie ein. Gleich darauf gaben sie Ruhe. Niemandem aus unserer Gruppe gelang dieses Kunststück. Selbst ich hatte keinen Erfolg, obwohl ich mit meinen Tieren nun schon jahrelang zusammenarbeitete.

Drei meiner Hunde hatte ich in Berlin gelassen: den Grönländer Angakoq und seine Hündin Arnaq sowie Tochter Sedna. Arnaq erwartete wieder Nachwuchs. Ich wollte ihr in dieser Situation nicht das Leben in der rauhen Natur zumuten.

Die sechs Hunde lagen an der Kette, vor sich je einen Napf mit Futter und Wasser, und während sie langsam wieder zu sich kamen, setzten wir die Arbeit am Zwinger fort. 25 Isolatoren mußten in exakt gleichen Abständen pro Pfosten eingedreht werden, ehe der Elektrozaun durchgezogen und angeschlossen werden konnte. Außerdem mußte noch eine hohe Drahttür zwischen zwei dichter stehenden Pfosten verankert werden. Am Abend war der Zwinger fertig. Wir konnten die Hunde von den Ketten lassen. Neugierig durchschnüffelten sie ihre neue Heimat, balgten freundschaftlich miteinander herum, nun endgültig aus ihrer Betäubung erwacht.

„Was ist eigentlich, wenn die sich streiten und ernsthaft miteinander kämpfen?“ fragte Micki.

„Mach dir keine Sorgen, das wird nur selten vorkommen. Sie sind das Zusammenleben in einem Gehege von Berlin her gewohnt. Und wenn es wirklich mal zwischen zwei Helden einen Krach gibt, dann gehst du einfach ruhig rein, redest besänftigend auf sie ein und bindest die Streithähne in großem Abstand voneinander an einen Baum, bis sie sich wieder beruhigt haben. Und wenn du dir das nicht zutraust, weil du sie noch nicht gut genug kennst – dann rufst du eben mich.“

Drei Wochen später rief Micki tatsächlich verzweifelt nach mir. Baro und Erneneq hatten sich so arg in den Haaren, daß er sich

Ein Riese fällt

nicht traute dazwischenzufassen. Ich erkannte sofort, daß sich die beiden bereits ineinander verbissen hatten, und wir mußten sie mit einem Trick auseinanderbringen.

„Micki, pack du Erneneq an der Rute, ganz dicht an den Hinterläufen. Ich nehme Baro. Wenn ich dann bis drei gezählt habe, heben wir gleichzeitig die beiden an, so daß sie mit ihren Pfoten keinen Bodenkontakt mehr haben. Du wirst sehen, wie schnell sie voneinander ablassen werden." Der Trick klappte, und die beiden Streithähne wurden vorsorglich weit voneinander angekettet.

Ansonsten gab es mit den Huskies keine Probleme. Im Gegenteil, sie waren uns bei der Arbeit sogar eine große Hilfe. Wir hatten mit dem Baumfällen begonnen, einer Arbeit, die abgeschlossen sein mußte, bevor wir mit dem Fundament anfangen konnten. Bei Allan hatte ich gelernt, daß die gefällten Bäume eine Zeitlang lagern und trocknen sollten. Die Arbeit lief diesmal glatt über die Bühne. Angetan mit Schutzhelm, Schutzhose und Schutzhandschuhen fällte ich die Bäume, während Micki mir mit seinem über den Kopf gestreckten Arm Handzeichen gab. Peter, Karl und Jerry übernahmen das Entasten der gefällten Bäume. Dodo, der meistens in der Küche beschäftigt war, sprang immer dann ein, wenn noch ein extra Mann notwendig war. Allerdings war er dabei immer recht ungeduldig.

„Macht schnell, Jungs, ich habe keine Zeit. Meine Pizza ruft." Eine Pizza übrigens, die uns immer wieder überraschte. Nicht nur, daß er beim Kneten des Teiges seine stets tropfende Nase unaufhörlich darüber hielt. Er schuf auch unglaubliche Kreationen. Eine Pizza mit Käse, Tomaten und Salami zu belegen schien ihm langweilig zu sein. Er erfand die „Pizza à la Yukon". Fichtennadeln, Sandkörner, ein bißchen Moos, Blaubeeren und Krähenbeeren, alles, was bei uns wuchs oder zufällig herumlag, wurde auf den Teig gepackt. Manchmal sogar Queckgras, wenn es ihm unter die Finger kam, ein bittres Zeug, das die Hunde kauten, wenn sie verschluckte Haare herauswürgen wollten.

Beim Transport der Bäume zur Hütte konnten wir auf keine Hand verzichten, und Dodo mußte manches Gericht verkochen lassen, weil wir ihn unbedingt brauchten. Ein Mann führte die Hunde, die mittels einer zwanzig Kilo schweren Greifkralle, die in den Baum eingehakt war, den meist über zehn Meter langen Stamm zogen. Unter den Baum legten wir mehrere etwa ein Meter lange Rollen. Dodos Aufgabe war es, die jeweils letzte Rolle unter dem Baum zu packen, in Windeseile nach vorne zu tragen und wieder unter die Spitze des Baumes zu legen. Eine Arbeit, die ihn ständig „auf Trab" hielt. Die Hunde zogen den Baum etwa einen halben Meter pro Sekunde vorwärts, und Dodo mußte ganz schön rennen, um mit ihrem Tempo Schritt zu halten.

Um Dodo das Unterlegen der Rolle und den Hunden das Ziehen zu erleichtern, hoben die vier übrigen Männer seitlich stehend den Baum an. Sie benutzten dazu einen *log carrier*, ein Spezialwerkzeug für Baumfäller. Der *log carrier* bestand aus einer Greifzange, durch die ein Querholz gesteckt war. Hoben zwei Männer das Querholz rechts und links an, so schloß sich die Kralle und bohrte sich gut drei Zentimeter in den Baum. Durch weiteres Anheben konnte man den Baum leicht vom Boden hochziehen. Dieses Werkzeug bedeutete für uns eine große Arbeitserleichterung, da uns so erspart blieb, den Stamm mit bloßen Händen anheben zu müssen. Gleichzeitig bot er uns einen gewissen Schutz vor Verletzungen, denn er war so konstruiert, daß unsere ohnehin durch Baumfällerschuhe mit Stahlkappen geschützten Füße einen

Vier Männer gegen einen Baum

Log carriers sind eine große Arbeitserleichterung

halben Meter vom Baumstamm entfernt waren. Stolperte einer von uns, so daß der Baum zu Boden fiel, war die Gefahr verhältnismäßig gering, daß er einem von uns die Füße zerquetschte.

Gleichwohl blieb die Arbeit hart und anstrengend. Zumal wir durch das Aufreißen des Unterholzes Millionen dort hausender Mücken aufschreckten. Sie waren eine einzige Qual. Micki war schon ganz blutig im Gesicht, und ich machte ihn darauf aufmerksam.

„Ich weiß, ich habe ein paar von den lästigen Viechern zerquetscht."

„Du solltest sie dir abwaschen. Das sieht ja grauslich aus."

„Genau das werde ich nicht tun. Eine alte Yukon-Weisheit sagt, daß man die Mücken, die einen malträtieren, zerdrücken und auf dem Körper lassen soll. Als Abschreckung für ihre Artgenossen.

5 9433-14

Damit die gleich sehen, wie es ihnen ergeht, wenn sie sich auf dir niederlassen."

„Und das glaubst du?"

„Ich weiß nicht, ob ich es glaube. Auf alle Fälle werde ich jede noch so kleine Chance wahrnehmen, um diese lästigen Viecher von mir fernzuhalten. Ich habe ihnen den Kampf angesagt. Und mir ist jedes Mittel recht, wenn ich nur als Sieger aus der Sache hervorgehe."

Wir hatten genug Bauholz gefällt. Alles war gutgegangen. Keine Beine, die in die Kettensäge geraten waren, keine gefährlich zur falschen Seite gefallenen Bäume. Ich fühlte mich sicher, wie ein Waldschrat, als Peter und ich uns daranmachten, einen toten Baum am Querhang des Plateaus zu fällen. Es war ein traurig anzusehender Baum. Seine Krone war von einem Blitz zerfetzt worden. Er mußte früher einmal ein schöner Vertreter seiner Gattung gewesen sein. Gut siebzig Zentimeter maß der Durchmesser des Stammes oberhalb der Wurzel.

Peter stand unterhalb des Hanges in sicherer Entfernung und beobachtete mich und den Baum. Ich begann vorsichtig in die Stammseite, die zum Tal zeigte, die Fällkerbe zu sägen. Natürlich sollte der Baum ins Tal fallen, das war nur logisch. Danach setzte ich den Fällschnitt an. Meine Säge steckte noch in dem Schnitt. Der Baum fiel nicht. Wir warteten. Aber der alte Riese wankte nicht.

Ich begann von rückwärts Metallkeile unter den Schnitt zu treiben, um so den Baum zum Fallen zu bringen, da sah ich, wie Peter wild gestikulierte. Ich blickte nach oben. Der Baum wankte, kippte, fiel – in Richtung Berg – genau auf mich zu. Blitzschnell sprang ich auf, lief ein paar Schritte talwärts, als ich Peter brüllen hörte.

„Weg!" schrie er mit verzerrtem Gesicht. Ich drehte mich um. Der Baum hatte seine Fallrichtung geändert, raste in Richtung Tal hinter mir her. Ich ließ die Kettensäge fallen und lief, was das Zeug hielt, stolperte über einen Ast oder Stein, warf mich im Fallen nach vorne, versuchte eine Hechtrolle. Nur weg, schnell weg! Ich kam platt auf dem Bauch zum Liegen. Hinter mir knallte es, der Boden bebte. Ich schaute nach vorn und sah Peter kreidebleich im Gesicht auf die Knie sinken. Ich drehte meinen Kopf nach rückwärts. Zehn Zentimeter hinter meinen Füßen lag das Ende des Baumes. Oh, das war knapp gewesen! Der Schrecken saß mir so tief in den Gliedern, daß ich mich nicht rühren konnte.

„Konrad, ist alles okay?"

Peter hockte neben mir, zitternd vor Aufregung.

„Alles in Ordnung. Ich glaube, ich habe mir nur die Haut aufgeschürft."

Peter packte mich sanft an der Schulter.

„Für mich warst du bereits tot. Ich habe nicht geglaubt, daß du dem Baum noch entkommen würdest."

Wir blieben noch einige Minuten regungslos und schweigend sitzen. Dann kehrten wir zur Hütte zurück.

„Und?" fragte Dodo. „Wo bleibt das Brennholz?"

„Das mußt du dir selbst zurechtsägen. Ich fasse heute keinen Baum mehr an."

Während wir uns die Schutzkleidung auszogen, schilderte Peter den Vorfall. Mitfühlend versprach Dodo uns ein besonders gutes Abendessen.

An diesem Tag rührten Peter und ich keinen Finger mehr.

„Joe, bitte hör genau zu. Ich habe Dennis gebeten, für mich einen Griff für meine Kettensäge zu besorgen. Außerdem hat er bei Hougens ein Siebzehn-Fuß-Kanu für mich gekauft. Er wird dir beides morgen zum Flughafen bringen. Patricia Stark liefert morgen bei dir hundert Kilo Hundefutter für mich an. Sei so lieb und verrechne das wieder mit einem meiner Schecks. Und Gladys hat versprochen, für uns Mehl, Zucker, Tee und noch ein paar andere Kleinigkeiten zu besorgen. Sie will das wohl heute noch zu dir bringen. Wann könntest du das alles zu uns rüberfliegen? Wir brauchen das dringend."

„Versprechen kann ich nichts. Vielleicht, wenn du Glück hast, morgen abend schon. Kommt auf das Wetter an."

Auf Joe war Verlaß. Er kam tatsächlich am nächsten Abend. Er hatte sogar ein wenig Zeit, trank mit uns Kaffee und lobte unsere schnelle Arbeit, als er unsere bearbeiteten Hölzer sah.

Wir hatten mit der Rodung des Platzes begonnen, auf der die Hütte entstehen sollte. 5,50 m mal 7,50 m sollte sie messen. Dazu eine 16 Quadratmeter große Veranda. Der geeignetste Platz schien uns östlich der alten Hütte, zwischen ihr und unserem Plumpsklo. Über einen Ein-Tonner-Flaschenzug zogen wir sämtliches Wurzelwerk aus dieser Fläche heraus. Große Steine mußten entfernt werden. Wir gruben das Gelände um und planierten es anschließend. Zwei Wochen vergingen, ehe wir die Erde als glatt, eben und fest bezeichnen konnten. Eine weitere Woche verging, ehe das Fundament und der Fußboden so perfekt gearbeitet waren, daß sie Allans Ansprüchen genügt hätten. Danach waren wir ziemlich müde und gönnten uns einen Tag Urlaub.

Peter und Jerry schaukelten im Kanu auf dem Coghlan Lake und versuchten trägen Blickes für unser Abendessen Forellen zu fangen. Karl schrubbte am Ufer die Baumwollhemden der Gruppe. Ich hatte die Kochwäsche in einem großen Topf auf dem Ofen gewaschen und bereits zum Trocknen aufgehängt.

„Ich gehe mal Dodo und Micki besuchen. Bis nachher", rief ich Karl zu.

„Alles klar. Vergiß die Axt nicht."

Ich machte mich auf den Weg Richtung Norden. Dodo und Micki hatten Dodos ersten Versuch im April, in der Wildnis wie ein Wilder zu leben, erneut in Angriff genommen. Zu zweit hatten sie dabei wesentlich mehr Erfolg. „Wie ein Wilder in der

Wildnis" bedeutete für sie, sich auf keinen Fall zu waschen. Und daran hielten sie sich auch – zum Leidwesen der anderen. In einem geschlossenen Raum war der Aufenthalt mit ihnen fast nicht auszuhalten. Im Freien konnte man neben den beiden nur arbeiten, wenn man auf einen Abstand von mindestens zwei Metern achtete – wenn der Wind günstig stand. Dabei hielten sie sich aber eigentlich nur im Prinzip an ihre Nicht-waschen-Devise. An besonders warmen Tagen schlossen sie sich schon mal mit einem Sprung in den See der Gemeinschaft an. Peter und ich waren uns nicht sicher, ob die beiden auf diese Weise nicht doch einen unauffälligen Waschgang einschieben wollten – einfach, weil sie sich selbst vielleicht nicht mehr riechen konnten. In jedem Fall rissen sich die beiden immer auffällig um den Abwasch. Dabei planschten sie, Unmengen Wasser um sich spritzend, mit ihren Armen in den riesigen Emailleschüsseln herum, in denen sie die schwarzen Trapperteller und -tassen mit Seifenwasser abwuschen. Anschließend stellten sie das so gereinigte Geschirr auf den Campingtisch in unserem Gemeinschaftszelt. Auf Hockern stehend schütteten sie dann von oben aus Eimern frisches Wasser zum Nachspülen auf das Geschirr. Die reinste Wasserschlacht, die unseren Speiseraum für etwa eine Stunde unter Wasser setzte.

Trotz dieser Waschmethode – oder vielleicht auch deswegen – sahen Dodo und Micki bereits nach anderthalb Wochen schlimmer als Landstreicher aus. Sie ähnelten mit ihren senkrecht stehenden Haaren eher Waldschraten. Von Woche zu Woche zeigte ihre Kleidung mehr Löcher, die Schnürsenkel ihrer Schuhe hatten zahlreiche Knoten, doch neue Schnürsenkel nahmen sie nicht an.

„Nein", blieb Dodo fest. „Ich will sehen, ob meine Ausrüstung drei Monate durchhält."

Dodo und Micki lebten nicht mit uns in der Blockhütte. Zwei Tage nach unserer Ankunft am Coghlan Lake hatte Dodo nördlich meines Grundstückes eine Höhle entdeckt. Dorthin zogen sich die beiden abends zurück.

Ich machte mich auf den Weg zum „Lager Nord", wie die beiden ihre Höhle nannten.

Über einen Kilometer schlug ich mich, dem von den beiden ausgetretenen Pfad folgend, Richtung Norden am Ufer des Coghlan Lake entlang. Dann entdeckte ich etwa hundert Meter hoch am Hang einen Felsvorsprung. Das mußte das Lager sein. Ich kletterte hinauf. Die Höhle, die die beiden entdeckt hatten, war wirklich ideal. Ein Felsüberhang wie ein Regendach, der zum Teil auf einem großen, von unten heraufreichenden Felsen aufsetzte. Die offenen Seiten hatten Dodo und Micki mit Baumstämmen verbarrikadiert und mit Moos abgedichtet. Als Eingang und gleichzeitig als Rauchabzug für das Lagerfeuer in der Höhle nutzten die beiden ein großes Loch im oberen Felsen. Ich blickte durch diesen Eingang hinein in ihr Heim. Sie hockten auf Moos und Filzdecken und schlürften Kaffee.

„Hallo, stör ich euch? Ich wollte euch mal besuchen und schauen, wie ihr euch eingerichtet habt."

Ärgerliche Gesichter blickten mir entgegen. Ich spürte beinahe so etwas wie Aggressivität.

„Was willst du hier?"

„Na, ich sag doch, ich wollte einfach mal schauen, wie es euch geht."

„Hör zu, Konrad. Dies hier ist unser Lager. Unser ureigenes, privates Heim. Dein Lager befindet sich auf deiner Insel. Wir wollen hier für uns bleiben. Also verschwinde wieder!"

Ganz offensichtlich war ich hier nicht willkommen. Diese Höhle war ihr Revier, und ich versuchte – wenn auch ohne böse Absicht – dort einzudringen. Nun ja, dachte ich mir, wenn ihnen so viel daran liegt. Ich verzog mich also wieder.

Auf dem Rückweg zur Hütte begegnete mir Karl, unser „Kamikaze". Wie immer baumelte die Spitze seines Bowiemessers neben seiner Kniekehle, außerdem trug er seine unvermeidlichen Nappalederhandschuhe, die ihn vor Wasserblasen und Kratzern schützen sollten. Ich erzählte ihm von meinem mißglückten Besuch bei Dodo und Micki.

„Gut, daß du mir das sagst. Ich wollte auch gerade zu den beiden."

„Ehrlich gesagt, ich verstehe die beiden nicht. Die waren ernsthaft sauer auf mich."

Karl suchte nach einer Erklärung.

„Ich glaube, die wollen einfach nur ganz allein mit der Wildnis konfrontiert sein. Das ist für sie eine ganz besondere Erfahrung. Wenn wir dort auftauchen und damit deutlich machen, daß sie im Grunde nicht allein sind, verliert diese Wildnis allerhand von ihrer Wildheit. Egal was, wir sollten ihre Einstellung akzeptieren."

Karl hatte sicher recht, und keiner von uns machte jemals wieder den Versuch, die beiden noch einmal in ihrer Höhle zu stören.

Als nächstes mußten wir uns nun dem Schälen der Bäume zuwenden. Eine mühselige, eintönige Arbeit. Micki war der einzige, der dafür ein gewisses liebevolles Gefühl entwickelte und geradezu pedantisch exakt und mit Lust daran arbeitete. Hier zeigte sich erstmals seine besondere Fähigkeit zu Präzisionsarbeit. Wir anderen quälten uns förmlich mit unseren Schäleisen den Stamm entlang und beschäftigten uns nur zu bereitwillig mit anderen Dingen, um uns wenigstens für eine kurze Zeit von dieser ermüdenden Arbeit zu lösen. Dafür bot sich vor allem der „unbedingt notwendige" Bau eines Stalles an der hinteren Wand der alten Hütte an. Viel zu schnell war dieses flache, mit Teerpappe isolierte Holzhäuschen fertiggestellt. Hühner und Kaninchen sollten hier später untergebracht werden. Und weiter ging es mit dem Schälen!

Eine Woche später hatten wir es endlich geschafft. Wir hatten genug Bäume geschält und konnten mit dem Bau der Wände beginnen.

Damit die übereinanderliegenden Stämme nicht wie bei meiner alten Hütte nur auflagen, sondern ineinander übergriffen, tasteten wir mit einem Zirkel die Form der Oberkante des unten liegenden Längsbalkens ab und übertrugen sie auf die Unterkante des daraufliegenden Stammes. Dieser Form entsprechend sägten wir mit der Kettensäge eine dicke V-Kerbe in die Unterseite, deren Kanten auf dem unteren Balken lagerten, ihn quasi umfaßten. Konkav ausgeschnitten wurden die Kreuzungspunkte zwischen den Längs- und Querbalken. Auch hier lagerten nur die Kanten der Ausfräsung auf dem unteren Stamm. Durch dieses Fischschuppen-Prinzip wurden Ritzen, Spalten und Fugen zwischen den Stämmen vermieden. Die Wand war luft- und regendicht, was durch das Ausfüllen der dicken Kerbe mit Moos noch verstärkt wurde. Baum kam über Baum zu liegen. Die Wände wuchsen in die Höhe. Das gemeinsame Anheben und Auflegen der Stämme mit der Hand war nicht mehr möglich. Über einen Flaschenzug zogen wir die zu bearbeitenden Bäume auf zwei schräg gestellten Stämmen die Wand hoch. Bei Regen wagten wir uns nicht mehr an diese Arbeit – zu leicht konnte man abgleiten von den glitschigen Wänden, und ein Sturz in die Tiefe konnte böse Folgen haben.

„Wir hatten ausgemacht, daß du die Wäsche wäschst, Peter. Und zwar schon vorgestern. Findest du nicht, daß du dich langsam mal an die Arbeit machen solltest?"

„Pssst, sei still", stieß mich Karl an. „Hast du vergessen, daß Peter heute bohren soll? Wenn du ihm jetzt dumm kommst, läßt er uns hängen. Also, mach kein Theater."

„Ach ja, du hast recht. Ich sollte unseren Bohrwurm nicht verärgern. – Willst du ein bißchen Kakao, Peter?"

Peter war der einzige von uns, der allein den Zwei-Zoll-Bohrer, einen Bohrer mit einem Durchmesser von fünf Zentimetern an der Spitze, betätigen konnte. Auf diesem Gebiet machte er uns

Konzentration und Fingerspitzengefühl sind beim Bearbeiten der Kerben notwendig

allen was vor. Wir konnten dieses schwierige Werkzeug immer nur zu zweit erfolgreich einsetzen. Etwa alle zwei Tage aber war die Arbeit mit dem Bohrer notwendig – zum Eindübeln der Holznägel seitlich der geplanten Fensteröffnungen. Die Fensteröffnungen konnten erst ausgeschnitten werden, wenn die Stämme der Wand an dieser Stelle durch dicke Holznägel Halt hatten. Andererseits konnten erst nach dem Eintreiben dieser Pflöcke neue Stämme für die Wände aufgelegt werden. So waren wir davon abhängig, daß Peter im entscheidenden Moment gut gelaunt war. Bei der Bohrarbeit mußte er oben auf der Wand stehen und das Werkzeug in seiner Hand präzise lotrecht nach unten drücken und drehen. Wir kannten Peters Launen. Wenn er wütend war, achtete er nicht mehr auf die Sicherheit. Es war dann

Diese Holznägel werden als Wandstabilisatoren neben den Fensterausschnitten benötigt

zu gefährlich, ihn mit dem Bohrer auf die Wand zu lassen. Ein gutgelaunter Peter gewährleistete am besten das Vorankommen mit der Arbeit.

Allen Schwierigkeiten, Hindernissen und Problemen zum Trotz kam der Tag, da wir unser Werk mit stolzen Augen betrachten konnten: Das Blockhaus stand bis auf das Dach fertig da.

„Leute, laßt uns feiern! Eine Art Wand- und Fußboden-Richtfest!"

Zum erstenmal seit Wochen griffen wir zum Bier. Bis dahin hatten wir uns jeglichen Alkohol verkniffen.

„Wollen wir nicht doch noch mit dem Dach anfangen?" fragte Karl.

„Laß man gut sein, alter Freund. Wir haben noch vier Tage, dann holt uns Joe ab. Es wäre unsinnig, jetzt noch etwas Neues anzufangen. Laß uns die letzten Tage ein wenig entspannen und faulenzen. Im nächsten Jahr machen wir weiter."

Dodo tanzte um unser Lagerfeuer herum und freute sich wie ein Kind.

„Ich habe ein Blockhaus gebaut", brüllte er immer wieder. „Leute, wenn mir einmal einer meiner Schüler im Unterricht am Gymnasium dumm kommt, dann sag ich: ‚Mein Junge, geh du erst mal einen Baum fällen.' Oh, ihr glaubt gar nicht, wie ich daraus Kapital schlagen werde."

„Ich bin gespannt, ob du deinen Schülern auch von deinen Pfannkuchen erzählen wirst." Jerry griente ihn an.

Dodo und Micki verzogen sich die letzten vier Tage noch einmal in ihre Höhle, während Peter, Karl, Jerry und ich faul am Seeufer in der Sonne lagen, angelten oder mit dem Kanu zu Bushy Island, einer kleinen Insel in der Mitte des Sees, paddelten. Dann wurde es Zeit, unsere Sachen zusammenzupacken.

Während wir Kisten und Hunde in Joes „Beaver" räumten, schaute ich mir noch einmal meine Freunde an: Dodo, unseren Meisterkoch, Micki, den Mann mit der Axt, Jerry, den „Hammer", Karl, den „Kamikaze", und Peter, den „Bohrwurm". Wir waren eine gute Crew gewesen.

Das dachlose Blockhaus leuchtete als heller Fleck von unten herauf, als wir in Joes Maschine saßen und Kurs auf Whitehorse nahmen. Drei Monate würde ich es wieder nicht sehen, dann erst würde ich wieder zurückkehren können. Und bis dahin?

Ich mußte jemanden finden, der die nächsten Monate mein Grundstück „hüten" wollte.

Als Frau allein in der Wildnis – Inge Bauer erzählt

Die Entscheidung

„Suche Arbeit . . ." – der Text, der von mir in sämtlichen Berliner Tageszeitungen aufgegebenen Anzeige war kurz und knapp. Nach Abschluß meiner zweiten Staatsprüfung für das Lehramt an Gymnasien in den Fächern Biologie und Französisch hatte ich mich von Kassel nach Berlin aufgemacht. Mein Studium war abgeschlossen. Nun sollte ein neuer Lebensabschnitt beginnen. Ich hielt es für eine gute Idee, ihn mit einem Ortswechsel zu verbinden.

Das Fußfassen in Berlin aber gestaltete sich schwieriger noch, als ich befürchtet hatte. Von einer Anstellung als Lehrerin ganz zu schweigen, blieb auch die Suche nach einer anderen Arbeitsmöglichkeit erfolglos. Zudem waren die auf dem Markt angebotenen Wohnungen zu teuer, unannehmbar oder schon vergeben. Ich kam für eine Weile bei einer Freundin unter. In ihrer Wohnung saß ich auch und gab einem kleinen Jungen Nachhilfeunterricht, als das Telefon klingelte.

„Konrad Gallei", sagte eine Stimme fröhlich. „Ich habe Ihre Anzeige gelesen. Vielleicht habe ich einen Job für Sie, der Sie interessieren könnte. Allerdings erfordert er ein bißchen Mut, und er läuft nur über ein halbes Jahr. Hätten Sie Interesse?"

„Worum geht es denn?" fragte ich ein wenig mißtrauisch. Ein Job, der Mut erforderte? Was konnte das sein?

„Könnten Sie auch im Ausland arbeiten, oder wollen Sie Berlin nicht verlassen?"

„Das kommt darauf an, worum es sich handelt", sagte ich nun noch mißtrauischer.

„Worum es geht? Ich habe in Nordwestkanada einige Meilen von einer größeren Stadt entfernt in der Wildnis ein Blockhaus. Aus beruflichen Gründen kann ich mich dort in der nächsten Zeit leider nicht aufhalten. Ich suche nun jemanden, der inzwischen meine Hütte dort bewohnt und meine Tiere, Schlittenhunde, versorgt. Ich selbst würde zwischendurch auch immer mal für drei oder vier Wochen dort sein. Mein Problem ist nur, daß ich bis April nicht kontinuierlich auf meinem Land bleiben kann."

Die Sache begann mich zu interessieren. Ich verabredete mit diesem mysteriösen Konrad ein Treffen in seinem Berliner Haus. Die Nachhilfestunde war für mich nach diesem Telefonat gelaufen. Die Konzentration verloren. Allein im Busch leben? War das nicht ein bißchen gefährlich? Aber aufregend! Mal abwarten, was der Mann mir erzählen würde.

Er sah eigentlich ganz anders aus, als ich ihn mir vorgestellt hatte. Kein breitschultriger Baumfällertyp mit Jeans und Baumwollhemd, sondern ein zierlicher Mann in Latzhose und mit einem Becher Müsli in der Hand. Eigentlich überhaupt nicht mein Typ. Um so interessanter, was er mir von seinem Land, seiner Hütte, seinen Hunden erzählte. Er zeigte mir Dias von der Landschaft am

Coghlan Lake, die mich als Biologin sofort faszinierten.

„Ich kann verstehen, wenn das keine leichte Entscheidung für dich ist.“ – Der Einfachheit halber hatten wir uns gleich aufs Duzen geeinigt. – „Du würdest tatsächlich dort während der härtesten Jahreszeit meist ganz auf dich allein gestellt sein. Um dich herum nichts als Wildnis. Wenn du, man sollte bei der Überlegung so einen Fall nicht ausschließen, von einem Tier angefallen wirst oder dich unglücklicherweise irgendwie verletzt, kann es für dich durchaus lebensgefährlich werden. Der Alltag dort ist hart. Keine automatische Heizung zum Beispiel – du mußt das Brennholz selbst spalten. Kein fließend Wasser – das mußt du vom See herauftragen. Kein elektrisches Licht – nur Petroleumlampen.“

„Ich weiß nicht so recht, Konrad. Laß mich darüber nachdenken. Es ist alles aufregend und interessant, was du erzählst. Aber ich weiß noch nicht, ob ich den Mut dazu habe. Ich werde es mir in Ruhe überlegen.“

Ich dachte nach. Zwei Wochen lang. Eigentlich hatte ich in Berlin doch nichts zu verlieren, hatte weder Arbeit noch Wohnung. Andererseits – das war schon ein ziemliches Abenteuer, nein, es war sogar ein Risiko, auf das ich mich da einlassen würde. Na und, Mädchen, redete ich mir zu, dabei kannst du dich selbst einmal auf die Probe stellen, deine Grenzen kennenlernen und sehen, wie du mit einer für dich vollkommen neuen Situation fertig wirst – als Frau und überhaupt . . .

Ich sagte zu.

In den nächsten Tagen traf ich noch einigemal mit Konrad zusammen. Er versuchte mir alles Lebenswichtige zu erklären – wie man Brennholz mit der Axt spaltet, ein Wasserloch in eine dicke Eisdecke schlägt, ein Funkgerät bedient. Ich selbst besorgte mir Bücher, die nützlich sein konnten: Brot selber backen, Erste Hilfe, Überleben in der Wildnis. Konrad dagegen suchte für mich aus seinem Expeditionsschrank notwendige Ausrüstungskleidung zusammen, so daß er sicher sein konnte, daß ich gegen die niedrigsten Temperaturen gefeit war.

Trotz aller Vorbereitung war ich dennoch froh, als Konrad mir ankündigte, daß ich die ersten Tage auf dem Grundstück nicht allein sein würde. Jerry, ein amerikanischer Freund, wollte für einige Tage zum Coghlan Lake kommen und mir Konrads theoretische Anweisungen noch einmal praktisch vorführen. Konrad entschloß sich noch zu einer weiteren Erleichterung. Er verzichtete darauf, mir, wie ursprünglich geplant, die Hunde sofort mitzugeben. Ich sollte mich erst einige Zeit eingewöhnen. Dann wollte er die Huskies nachschicken.

Anfang Dezember begleitete Konrad mich zum Berliner Flughafen. „Es wird schon gutgehen. Ich werde dich in drei Tagen am Coghlan Lake anrufen. Jerry ist dann noch da und wird dir das Funkgerät und seine Bedienung noch einmal genau erklären. Das Gerät wird unser Verbindungsglied sein. Mit seiner Hilfe wirst du mich jederzeit in Berlin anrufen können. Also, nur Mut, du wirst nicht total allein und verlassen sein."

Beim Flug nach Frankfurt zerdrückte ich dennoch ein paar Tränen. Mir wurde bewußt, daß ich eine ganze Weile weder meine Freunde noch meine Familie sehen würde. Konrad hatte zwar gesagt, daß ich nicht allein und verlassen sein würde. Aber dieser Satz stimmte nicht. Ich würde allein sein. Das wurde mir nun unbarmherzig klar. Noch konnte ich meine Entscheidung rückgängig machen, in Frankfurt einfach wieder ein Flugzeug nach Berlin besteigen.

Ich tat es nicht. Ich flog weiter – nach Kanada.

Allein

Eiskalte Luft schlug mir entgegen, als ich in Whitehorse aus dem Flugzeug stieg. Im Hotel hatte Jerry einen Brief für mich hinterlegt: „Bin schon vorausgeflogen und bereite alles für Deine Ankunft vor. Bitte besorge noch einige Nahrungsmittel. Zwei große Kisten Verpflegung habe ich schon mitgenommen." Beigefügt war eine Einkaufsliste: 40 kg Weizen-Vollkornmehl, 15 kg Roggenmehl, 10 kg Zucker, drei große Dosen Marmelade, 12 Pfund Butter, Gewürze.

Zeit, Whitehorse in Ruhe zu besichtigen, hatte ich am nächsten Morgen nicht. Gladys begleitete mich beim Einkauf sowie beim Gang zum Polizeirevier und zur Forstbehörde. Konrad hatte mir eingeschärft, daß ich unbedingt einen Waffenschein und eine Angel-Lizenz beantragen sollte.

Joe, dessen Körpermaße auf mich wie die eines Bären wirkten, packte mich und mein Gepäck nicht, wie ich erwartet hatte, in seine „Cessna", sondern in einen Hubschrauber.

„Das Eis des Coghlan Lake ist noch zu dünn. Ich kann dort mit einem Flugzeug zur Zeit noch nicht landen."

„Wie lange fliegen wir?"

„Gut vierzig Minuten. Sie werden sie sicher genießen. Bei diesem Wetter ist es ein Vergnügen, über die Wildnis zu fliegen."

Joe hatte recht. Die Landschaft war bereits dick mit Schnee bedeckt. Land und Wasser waren kaum zu unterscheiden. Die Sonne brach sich glitzernd in den Eiskristallen. Die Bäume wirkten von oben wie Streichhölzer.

Der Schnee stob zu allen Seiten, als Joe auf der freien Fläche vor der Hütte landete. Jerry hatte uns schon erwartet. Von der Hüttentür aus beobachtete er ruhig und gelassen die Landung.

Er drückte mir kräftig die Hand, brummte ein „Hallo" und griff sich die erste Aluminiumkiste aus dem Hubschrauber.

Die alte Blockhütte

Jerry war nicht gerade gesprächig, wie ich während der Tage, die er mit mir am Coghlan Lake verbrachte, feststellen konnte. Ein ruhiger Typ, der eher zuwenig als zuviel Worte machte. Aber er war ein hervorragender Lehrer. Ohne Umwege kam er gleich auf das Wichtigste. Ich wurde von ihm nur mit direkten, sachlichen Informationen gefüttert. Für mich das Ideale. Zu viele Erklärungen hätten mich nur verwirrt. Jerry lehrte mich, wie man ein Messer oder eine Axt schleift, eine Fertigkeit, die mir später sehr nützlich war. Er zeigte mir, wie man Brennholz hackt und eine Kettensäge bedient, und übte sogar das Schießen auf Dosen mit mir. Das alles war für mich neu und aufregend. Nichts von dem hatte ich jemals zuvor getan. Gut zwei Stunden verbrachten wir gemeinsam vor dem Funkgerät, meiner einzigen Verbindung zur Zivilisation. Er spielte mit mir alle Möglichkeiten durch: Was war zu tun, wenn ich einen Notruf absetzen wollte, wie erreichte ich Joe, wie stellte ich eine Verbindung zu Konrad nach Berlin her, wann und wie lange durfte und mußte das Gerät auf *Stand-by*-Empfang stehen, wie verhielt ich mich, wenn ich angefunkt würde, wo fand ich den *public channel,* ein Kanal oder eine Frequenz, auf der allabendlich die Menschen, die in der Wildnis lebten, Wettermeldungen und Grüße durchgeben? Zusätzlich versuchte mir Jerry auch ein wenig technisches Know-how über das Funkgerät zu vermitteln. Leicht konnte die Sicherung einmal durchbrennen. Es sei das mindeste, daß ich in so einem Fall wüßte, was zu tun sei, meinte er.

Für Konrad hatte Jerry in Whitehorse einen Backofen gekauft. Dieser sollte den alten Yukon-Ofen neben der Hütte ersetzen. Es war ein idealer Ofen zum Brotbacken – allerdings draußen in der Kälte. In der Hütte selbst war kein Platz dafür. Kochen wollte ich während des Winters auf dem Yukon-Ofen in der Hütte. Kein leichtes Unterfangen. Ich mußte mich an die Tatsache gewöhnen, daß die obere Ofenfläche praktisch immer gleich heiß war, solange normal geheizt wurde. Es gab keinen Knopf, mit dem man die Temperatur regeln konnte. Aber selbst hier wußte Jerry Rat.

„Wenn du schwächere Hitze fürs Kochen haben willst, legst du einfach ein Stück Blech zwischen Topf und Platte. Oder du nimmst dies kleine Eisengestell hier. Dadurch steht der Topf praktisch einen Zentimeter über dem Ofen."

„Wie soll ich den Ofen eigentlich saubermachen? Ich muß doch sicher mal die Asche entfernen."

„Gute Frage. Ich gebe zu, das ist beim Yukon-Ofen nicht ganz einfach, weil du von oben die Asche herausschaufeln mußt, das heißt, daß du den Ofen erst ausgehen lassen mußt. Du kannst die Reinigung also nur tagsüber durchführen. Wenn der Ofen aus ist, kühlt nämlich die Hütte auch schnell aus. Tagsüber kannst du wenigstens so lange draußen arbeiten und dich auf diese Weise warm halten. Am besten also, nach dem Frühstück noch einmal mit etwas dünnem Holz durchfeuern und alle Klappen des Ofens auflassen. Gegen Mittag ist der Ofen dann ausgekühlt – die Hütte natürlich auch – und du kannst die Asche herausschaufeln. Paß aber auf, daß noch genug Sand auf dem Ofenboden liegt. Nicht, daß der Boden durch- und die Hütte abbrennt. Wenn du den Ofen danach wieder ordentlich anheizt, hast du schnell wieder ein warmes Plätzchen für dich."

„Und was, wenn die Hütte doch einmal abbrennen sollte und ich auch an das Funkgerät nicht mehr herankomme?"

„Du solltest dir in einem Rucksack im Werkzeugschuppen eine Notausrüstung zur Seite legen. Mit Schlafsack, Zelt, Kocher, Erste-Hilfe-Kasten und Kompaß sowie warmer Kleidung. Wenn du das Funkgerät nicht benutzen kannst, mußt du versuchen, dich zu Fuß zum Alaska-Highway durchzuschlagen. Das dürfte recht hart werden. Aber wir sollten nicht an so schlimme Sachen denken. Wenn du ein wenig aufpaßt, kann dir nichts passieren."

Am nächsten Morgen verabschiedete sich Jerry von mir. Bevor er in die „Cessna" stieg, mit der Joe gekommen war, nahm er mich noch einmal in den Arm.

„Wird schon werden, Mädchen, wird schon alles gutgehen."

Ich schluckte. Ich war nicht so sicher.

Der dumpfe Lärm des Flugzeugpropellers war verklungen. Ich war allein. Zum erstenmal nahm ich die Stille wahr, die über dem Land lag. Eine Stille, die man zu hören glaubte. Sie schien in meinen Ohren zu rauschen und zu knacken. Nach einem Spaziergang um Konrads Grundstück beschloß ich, mich in der Hütte erst einmal gemütlich einzurichten. So, daß ich mich darin wohl fühlen konnte. Jerry war hauptsächlich als Fachmann und Lehrer fürs Überleben in der Wildnis hervorgetreten, das Innenleben der

Hütte war dabei zu kurz gekommen. Alles stand kreuz und quer herum und war weit davon entfernt, gemütlich zu sein.

Als erstes kehrte ich die Hütte kräftig mit dem Besen aus. Dann funktionierte ich Kisten und Pappkartons zu Regalen um, in die ich Nahrungsmittel neben der Küchenanrichte und Kleidungsstücke neben dem Bett einsortierte. Die schwarzen, unordentlich herumstehenden Emaille-Tassen hängte ich an kurzen Nägeln, die ich rechts und links des Fensters in die Wand schlug, auf. Dasselbe geschah mit Töpfen, Rührlöffeln und Pfanne. Eine Kerze auf den abgeschrubbten Holztisch, die Fußbank neben das Bett, eine Wäscheleine quer durch das Zimmer gespannt, auf der ich Handtücher und Kleidung zum Trocknen aufhängen konnte. Ja, das sah schon besser aus, fand ich an diesem Abend. Ich rollte mich in meinen Schlafsack. Die schwach heruntergedrehte Petroleumlampe tauchte die Hütte in ein schummriges Licht. Ich hörte den Wind um die Hütte streifen. Mit sich brachte er unheimliches Geheul. War die Hüttentür auch zu? Ich stand noch einmal auf, überprüfte die Tür, kroch wieder in den Schlafsack zurück. Da, ein Knacken. Was war das? Ich setzte mich auf, lauschte in die Nacht hinaus. Es schien alles ruhig und in Ordnung zu sein. Ein Blick aus dem Fenster. Es war zu dunkel, um irgend etwas zu erkennen. Sicherheitshalber holte ich das Gewehr und stellte es direkt an die Bettkante. Ich konnte nicht einschlafen, lag da in meinem Schlafsack mit übergroßen Ohren, die kilometerweit zu hören versuchten. Mir war kalt. Ich stand erneut auf, legte Holz nach und zog mir noch eine wärmende Pudelmütze über den Kopf. Irgendwann schlief ich ein in dieser Nacht, meiner ersten allein in der Wildnis.

Ich schlief lange am nächsten Morgen und lag, endlich wach geworden, noch lange mit mir selbst kämpfend in meinem Schlafsack. Die Hütte war schrecklich kalt, der Ofen über Nacht ausgegangen. Es widerstrebte mir, meinen Schlafsack zu verlassen. Schließlich hüpfte ich im Schlafsack zum Ofen, legte Holz und Papier hinein und wartete, wieder im Bett, bis sich allmählich Wärme in der Hütte ausbreitete.

Jerry hatte mir empfohlen, nicht sein Wasserloch zu benutzen, sondern ein eigenes zu schlagen. Er wollte, daß ich mich so lange wie möglich in dieser Kunst übte, um sie perfekt zu beherrschen, wenn die wirklich kalte Winterzeit begann.

Nach einem kräftigen Frühstück kletterte ich zum Coghlan Lake hinunter und begann mit der Arbeit. Mit Axt und Eisstechbeitel trug ich auf einer Kreisfläche von einem Meter vorsichtig zentimeterdünne Schichten Eis ab. Dreißig Zentimeter war das Eis dick. Ich geriet ins Schwitzen. Konrad hatte mir eingeschärft, daß auf keinen Fall zu früh Wasser an einer Stelle durchbrechen und die bis dahin ausgehobene Fläche überfluten dürfe. In dem Fall wäre ein Weiterarbeiten wegen des dann spritzenden Wassers unmöglich gewesen. Ich hätte von neuem anfangen müssen.

Es brach zu früh durch. Das Wasser schwappte an die oberste Eiskante. Ich versuchte trotzdem, das Loch weiter auszuschlagen. Wasser spritzte auf meine Kleidung, gefror sofort. Nein, nicht noch einmal von vorne. Anderthalb Stunden hatte ich an diesem Loch gearbeitet. Ich war verzweifelt, fühlte mich ausgelaugt und erschöpft.

Erste Verzweiflungstränen schossen in meine Augen. Was, wenn ich nie mehr an Wasser herankäme? Daß ich zur Not einfach Jerrys Wasserloch wieder aufschlagen konnte, war mir ganz und gar entfallen.

Das Eis des Sees knarrte und knackte. Nicht weit von meinen Füßen zeichnete sich ein Riß ab. Ich kriegte es mit der Angst zu tun. Nur keine falsche Bewegung! Ich legte mich auf den Bauch und robbte vorwärts, Richtung Uferkante. Mein Blick fiel auf – Jerrys Wasserloch. Erleichtert begann ich zu lachen. Ich würde nicht verdursten müssen. Und morgen würde ich einen zweiten Versuch wagen. Wochen später sollte sich herausstellen, daß Jerrys Empfehlung, jeden Tag zu üben, nur zu richtig gewesen war. Bei Temperaturen um minus 50 Grad Celsius bildete sich jede Nacht wieder eine Eisschicht von dreißig Zentimetern. Da nützte es auch nichts, die Stelle mit Tannenzweigen zu überdecken. Ich mußte jeden Morgen aufs neue das Eisloch ausschlagen, was mich oft über anderthalb Stunden Zeit kostete. Einige Tage lang kapitulierte ich vor dieser Kälte und dieser Belastung. Ich versuchte meinen täglichen Wasserbedarf zu decken, indem ich Schnee in einem Eimer auf dem Ofen taute. Sehr schnell wurde mir klar, daß sich das Volumen des Schnees beim Tauen um über 90 Prozent verringerte. Im Eimer Schnee blieb eine klägliche Pfütze Wasser übrig. Wesentlich ergiebiger waren da kleine Eisstückchen, die ich aus der Oberfläche des Sees schlug.

Am Tag nach meinen ersten vergeblichen Bemühungen am Eisloch wachte ich mit Schmerzen auf. Mein rechter Arm fühlte sich wie taub an, ließ sich nicht bewegen, in meinem Hals juckte und kratzte es, mein Kreuz tat mir weh. Ich blieb im Schlafsack. Erst nachdem ich meinen Arm eine halbe Stunde massiert hatte, verspürte ich allmählich wieder Leben in ihm. Um 7.30 Uhr heizte ich den Ofen an und kroch wieder ins Bett zurück. Um 9 Uhr endlich war die Hütte so warm, daß ich mich aus meiner warmen Kuschelecke heraustraute. Draußen war es immer noch dunkel. Ich genoß ein langes Frühstück, wartete darauf, daß es hell würde. Erst gegen 10.30 Uhr war es soweit, und ich wagte mich aus der Hütte, um Wasser zu holen. Wegen meiner Schmerzen war das Heraufschleppen der Wassereimer eine Qual. Ich war unkonzentriert. Wasser spritzte auf meine Kleidung. Als ich genug Wasser in der Hütte hatte, war ich bis zu den Knien von einer Eisschicht überzogen. Müde und schwerfällig schleppte ich mich durch den Tag, schluckte Halsschmerztabletten und lutschte Hustenbonbons. Einmal hackte ich ein bißchen Brennholz, verzog mich aber bald wieder in den Schlafsack. Ich versuchte Konrad zu erreichen. Doch die Verbindung kam nicht zustande.

Ich fühlte mich allein und verlassen. Was wäre, wenn ich ernsthaft krank würde? Wenn nur Konrad zu erreichen wäre!

Der nächste Tag sah für mich nicht besser aus. Morgens blieb mein rechter Arm wieder für fast eine Stunde wie taub. Mir war hundeelend zumute, ich hatte keinen Appetit. Am liebsten hätte ich nur geschlafen. Draußen tobte ein scharfer Wind ums Haus, der harte Eiskristalle gegen die Hütte peitschte. In meiner Verzweiflung versuchte ich Jerry in den USA zu erreichen.

„Mach dir keine Sorgen, Inge. Solche Probleme hatte ich auch schon mal. Das ist die Umstellung. Das Ungewohnte. Wenn es ganz schlimm wird, kannst du immer noch Joe anfunken und ihn bitten, mit einem Arzt zu kommen. Aber du wirst sicher bald merken, daß deine Schmerzen eigentlich gar nicht so wild sind. Sie erscheinen dir nur so, weil du allein bist. Deine Schulter solltest du selbst massieren und warm einpacken. Und probier einmal bewußt eine andere Schlafstellung. Vielleicht liegst du nachts einfach nur immer so unglücklich, daß du den Arm abdrückst."

Jerrys Worte und Stimme wirkten auf mich beruhigend. Vielleicht hatte er recht. Alles halb so schlimm.

Im Laufe des Tages fühlte ich mich tatsächlich etwas besser. Dennoch versuchte ich weiter Kräfte zu sparen. Holte nur Wasser, hackte ein wenig Holz und blieb ansonsten neben dem warmen Ofen. Gegen Abend gelang es Konrad, mich zu erreichen.

„Alles klar? Ich habe mir schon Sorgen um dich gemacht. Ich weiß nicht warum, aber irgendwie kam ich die letzten Tage einfach nicht zu dir durch."

„Ich auch nicht zu dir. Dabei ging es mir wirklich dreckig. Mein Körper wollte nicht richtig."

„Und jetzt? Bist du wieder in Ordnung. Inge, wenn was ist, ruf Joe, daß er dich zu einem Arzt bringt."

Nach dem Gespräch mit Konrad fühlte ich mich besser. Ich war ja eigentlich gar nicht allein. Ich hatte mit Jerry gesprochen und mit Konrad, Whitehorse war für mich über Funk fast jederzeit erreichbar! Ich erholte mich wieder. Sicher hatte dies auch psychische Ursachen. Ich hatte begonnen, mich mit dem Leben hier zu arrangieren.

Die Tage zogen dahin. Allmählich entwickelte ich einen gewissen Tagesrhythmus. Bis um 11 Uhr, wenn es draußen endlich hell wurde, blieb ich in der Hütte, das Funkgerät ständig auf *stand-by* eingestellt, so daß ich erreichbar war. Bis 15.30 Uhr hatte ich Zeit, außerhalb der Hütte Arbeiten zu erledigen, dann war es bereits wieder dunkel, und ich zog mich in die sichere Wärme zurück. Zu kurz schienen die hellen Stunden. Mindestens eine Stunde mußte ich für das Holzhacken rechnen, eine weitere Stunde, um neues Holz vom fünfhundert Meter entfernten Holzstapel als Nachschub zur Hütte zu transportieren. Eine Stunde etwa dauerte es jeden Tag, das Wasserloch aufzuschlagen und Wasser zur Hütte heraufzutragen. Dazwischen mußte ich immer wieder ins Haus, um mich aufzuwärmen. Immer länger dauerte es, den draußen stehenden Backofen gegen die größer werdende Kälte aufzuheizen und ihn auf die für das Brot- oder Kuchenbacken notwendige Hitze zu bringen.

Abends nahm ich mir viel Zeit zum Kochen, putzte die immer wieder verrußende Petroleumlampe, las im Schlafsack neben dem Ofen ein Buch, dachte an meine Freunde in Berlin. Draußen heulten Wölfe. Ich blickte aus dem Fenster. Sternenklarer Himmel. Ich fühlte mich glücklich und entspannt.

„Ein schönes Weihnachtsfest, mein Schatz!" hörte ich eines Tages an meinem Funkgerät. Weihnachten? Dieser Tag hatte für mich hier keine Bedeutung. Ich hatte dieses Datum schlicht übersehen. Aber die Stimme meines Vaters zu hören tat gut.

„Paps, schön, dich zu hören. Bist du auf Anhieb durchgekommen?"

„Ja, keine Probleme. Wie kommst du klar dort – so allein?"

Wichtiges Fortbewegungsmittel im Winter: Schneeschuhe

Ich fühlte mich richtig ausgelassen. Ein schönes Gefühl, mit einem lieben Menschen sprechen zu können. Ja, es ging mir gut. Ich konnte es meinem Vater frohen Herzens versichern.

Nicht so allerdings am nächsten Tag. Die Wölfe schienen sich dicht bei der Hütte aufzuhalten. Ihr Geheul klang sehr nah. Obwohl ich wußte, daß sie mir vermutlich nichts tun würden und ich in der Hütte in Sicherheit war, fühlte ich mich nicht gerade wohl. Ich stellte fest, daß ich in dieser einsamen Wildnis unglaublich schnell in Panik geraten konnte. Sobald etwas nicht klappte – sei es das Aufhacken des Wasserlochs oder die Kettensäge, die nicht sofort ansprang, wenn ich Stämme zersägen mußte –, ich spürte sofort Angst in mir hochkriechen.

„Konrad, die Wölfe. Seit drei Tagen versuche ich dich zu erreichen, aber ich kam niemals zum Vermittler in Whitehorse durch. Was kann ich gegen die Wölfe tun? Seit Tagen habe ich das Gefühl, daß sie sich nachts in der Nähe der Hütte herumtreiben."

„Die tun dir nichts. Keine Angst. Aber wenn du sie loswerden willst, versuch es mal mit einem Schuß in die Luft. Meist verziehen sie sich dann wieder."

Ich folgte Konrads Rat mit bangem Herzen, schlich vor die Tür und gab einen Schuß in die Luft ab. Kurz darauf herrschte Ruhe. Ich blieb stehen und beobachtete das Wolkenschauspiel vor dem zunehmenden Mond. Blaustichig die Farben, die hinter den Wolken hervorbrachen. Tief und dunkel dagegen die weiten Waldflächen. Ich beschloß, mich lieber wieder in meine Hütte zurückzuziehen.

Erschien mir der Wald nachts bedrohlich, so erinnerten mich tagsüber bei Sonnenschein die schneegepuderten Fichten an Weihnachtsmärchen.

Wieder einmal ein schöner Tag, dachte ich, als ich an einem Morgen vor die Hütte trat und die in der Sonne glitzernden Eiszapfen auf dem Dach betrachtete. Doch so wunderschön wurde er dann doch nicht. Der Generator zum Aufladen der Batterie des

Funkgerätes funktionierte nicht. Sagte erst gar nichts, rußte dann fürchterlich – und wieder nichts. Der Zeiger des Ladegerätes blieb unbeweglich. Ich spürte Panik. Wenn das Funkgerät jetzt ausfiel! Ich lief unruhig in der Hütte auf und ab. Was sollte ich bloß tun? Zwei Stunden später endlich regte er sich wieder. Ich nutzte diese Phase und informierte Konrad.

„Sag auch in Whitehorse Bescheid. Es ist besser, die wissen dort, daß du eventuell abgeschnitten bist und nicht durchkommen kannst."

„Weißt du jetzt, wann du hierherkommst?"

„Es kann nicht mehr lange dauern. Ich sage dir rechtzeitig Bescheid. – Auf Wiedersehen."

„Auf Wiedersehen . . ."

Seine Stimme war verklungen. Ich war wieder allein, war irgendwie unruhig. Mein rechter Arm schmerzte auch wieder. Ich fühlte mich schlapp und leer.

Am nächsten Morgen ging es mir wieder besser. Ich hatte, noch im Schlafsack sitzend, durch das Fenster einen wunderschönen Sonnenaufgang beobachtet. Wie in einer Märchenlandschaft glitzerte der schneeüberzogene See im Licht der sanften Strahlen, als ich nach draußen ging. Spuren von Schneehasen waren vor der Hütte zu sehen. Die Eiskristalle am Wasserloch glitzerten so freundlich, daß mir das Aufschlagen richtig Spaß machte. Plötzlich hörte ich Motorenlärm und blickte in Richtung Südende des Sees. Am stahlblauen Himmel erkannte ich einen kleinen schwarzen Punkt, der näher kam. Es war Joe mit seinem Hubschrauber.

Frierende Hühner und Schlittenhunde

Das Knattern des Hubschraubers klang nur noch dumpf aus der Ferne. Ich war wieder allein. Nicht ganz. Ich drehte mich um und blickte auf die zehnköpfige Fracht, die Joe bei mir abgeliefert hatte.

Zehn Schlittenhunde: ein buntes Knäuel aufgeregter Bengels, die sich, wie ich bald erfahren sollte, urplötzlich in ungestüme, halbstarke Rowdies verwandeln und wild miteinander raufen konnten. Konrads Hunde, die er als lebende Fracht in speziellen Transportkäfigen von Berlin zum Coghlan Lake geschickt hatte.

Ich hatte die Tiere bei Konrad in Berlin schon kurz gesehen und versuchte nun an Hand schriftlicher Aufzeichnungen, die ich mir gemacht hatte, ihnen ihren Namen zuzuordnen. Der mit dem Schlappohr war Baro, der Leithund. Er war recht schnell zu identifizieren wegen dieses markanten Zeichens. Er trug übrigens einen stolzen Namen. Baro hieß auch der Leithund Roald Amundsens, der 1911 als erster Mensch den Südpol auf Schneeschuhen erreichte. Dieser Baro, der mir hier am Coghlan Lake freundschaftlich mit der Zunge über den Handrücken schleckte, war ein lieber Kerl. Ein Typ, der Streitereien möglichst aus dem Weg ging.

Leicht identifizierte ich auch Angakoq, was in der Eskimosprache „der große Zauberer" bedeutet. Konrad hatte ihm diesen sonderbaren Namen gegeben, weil es Angakoq auf den seltsamsten Wegen immer wieder gelang, sich von der Kette zu befreien. „Der große Zauberer", ein original Grönlandhund aus Nordwestgrönland, war schwarz in der Farbe und bullig in der Gestalt. Er war ein Raufer und eifersüchtig. An seine Freundin Arnaq – das Weibchen – durfte kein anderer Rüde heran. Angakoq begrüßte mich mit einem gewaltigen Sprung gegen meine Brust, der mich nach hinten umwarf und zum unfreiwilligen Sitzen im Schnee zwang. Eine Begrüßungsart, der ich von nun an jeden Morgen aufs neue geschickt auszuweichen versuchte. Arnaq saß derweil achtsam neben ihrer Tochter Sedna, benannt nach der Göttin und Herrscherin des Meeres, und ihrem Jüngsten, dem zwei Monate zuvor geborenen Sila. Ein niedlicher Typ, der seinem Vater mit jedem Haar zu gleichen schien – mit Ausnahme eines winzigen, vorwitzigen weißen Fleckchens an der Rutenspitze. Sedna glich dagegen im Aussehen einer Schäferhündin. Für mich war sie „die Schöne mit den Mandelaugen".

Soweit hatte ich die Gruppe für mich in Gedanken mit Hilfe meiner Liste geordnet. Das dort hinten mußte Erneneq sein. Ein blaues und ein braunes Auge. Das war sein besonderes Kennzeichen. Und sein Hang, pausenlos zu quieken und zu jaulen. Ein Charakterzug, den er mit seiner Schwester Ivalu – „die Schöne" – gemein hatte. Die beiden wirkten auf mich nervös und unruhig, manchmal aber auch wie verspielte Clowns.

Ich brachte die Hunde in den Zwinger, führte zum Schluß Amaroq, Kirow und Kodiak hinein. Amaroq – „die Wölfin" – hatte fuchsrotes Fell mit weißen Flecken. „Eine stolze Hündin" hatte Konrad auf die mir mitgegebene Namenliste geschrieben. Kodiak, der seinen Namen in Anlehnung an den starken Kodiakbären in Alaska trug, hatte – quasi als Erkennungszeichen für mich – einen schwarzen Streifen links auf der Nase. Ansonsten war er kaum von seinem Bruder Kirow zu unterscheiden.

Im ersten Moment war mir diese Horde unterschiedlichster Charaktere noch fremd und schwer zu durchschauen. Ich hatte zwar – wie sich das für eine Biologielehrerin gehört – eine intensive Beziehung zu Tieren und auch ein entsprechendes Sachwissen über Hunde. Aber ich hatte nie selbst einen Hund besessen, geschweige denn einen Schlittenhund. Und nun sollte ich auf einen Schlag zehn dieser lieben Kerle versorgen. Ich machte mir keine Sorgen über die alltäglichen Essensrationen und die notwendigen Streicheleinheiten. Was aber, wenn eines der Tiere krank würde? Wenn die Hunde sich in eine Keilerei verstrickten?

Wenige Tage später schon waren meine sorgenvollen Gedanken verflogen. Die quirligen Kerle waren mir zu lieben Gesprächspartnern geworden, denen ich meine Angst, meine Wut und meine Freude mitteilte. Ihr nächtliches, melancholisches Geheul, mit dem sie dem fernen Ruf der Wölfe antworteten, wurde für mich mehr und mehr zu vertrauter, beruhigender Nachtmusik. „Alles in Ordnung", sagte ihr Lärm, wenn ich in den Schlafsack eingerollt, mit wärmender Pudelmütze und Handschuhen bekleidet, der Kälte trotzend nachts noch in einem Buch blätterte.

Ich hatte die Hunde gefüttert und begonnen, mit der Axt Brennholzkloben zu spalten. War das nicht Motorenlärm? Ich blickte in den Himmel über dem Südende des Sees. Nichts zu sehen. Kein Hubschrauber, kein Flugzeug. Aber der Lärm war da, kam näher. Ich trat ans Seeufer, ließ meinen Blick über das Gelände schweifen. Hinten auf dem See erkannte ich einen Punkt, der dort nicht hinzugehören schien. Er wurde größer und kam direkt auf die Hütte zu.

Ich rannte zur Hütte zurück, schnappte mir Konrads Gewehr, legte es mir über den Arm und trat so bewaffnet wieder vor die Hütte. Es war ein Snow-Scooter, der sich da auf die Halbinsel zubewegte. Das konnte der Indianer Dennis sein, von dem mir Konrad schon erzählt hatte. Oder aber irgendein anderer Mensch, der sich hier in der Wildnis herumtrieb – und vielleicht nichts Gutes im Sinn hatte. Ich konnte gegen die Anspannung meines Körpers nicht ankämpfen, meine Hände hielten verkrampft das Gewehr. Der Snow-Scooter geriet aus meinem Blickfeld. Er mußte das Ufer erreicht haben und war daher durch die Kante des Plateaus verdeckt. Der Motor war nicht mehr zu hören. Konzentriert beobachtete ich das Gebiet. Jemand kletterte den Hang hinauf, stand schließlich dick vermummt in dreißig Meter Entfernung vor mir. Wir nahmen Blickkontakt auf. Er blieb stehen, ließ langsam einen großen Sack von den Schultern gleiten und hob beschwichtigend die Hände.

„Hallo! Ich bin Dennis. Ich bringe Kadaver für Konrads Hunde."

Erleichtert stellte ich das Gewehr zur Seite.

„Entschuldigen Sie bitte. Ich war nicht sicher, wer Sie sind. Konrad hat mir zwar gesagt, daß Sie eventuell auf einen Besuch vorbeischauen würden, aber ich war nicht sicher, ob es nicht doch jemand anderes sein könnte. Kommen Sie herein, wollen Sie einen Kaffee?"

„Okay. Aber lassen Sie uns erst einmal zu den Hunden gehen. Ich habe früher übrigens auch Schlittenhunde gehabt. Gute Tiere."

„Warum haben Sie keine mehr?"

„Es ist billiger, mit dem Snow-Scooter zu fahren", antwortete Dennis kurz und ging in den Hundezwinger. Er konnte gut mit Hunden umgehen, das erkannte ich sofort.

„Ich glaube, Sie sollten ihnen bei dieser Kälte ruhig etwas mehr Futter geben, damit sie noch ein bißchen Fleisch auf die Rippen bekommen. Wenn erst die richtige Kälte kommt, müssen sie dagegen gewappnet sein."

„Die richtige Kälte?"

„Ich denke, in diesen Tagen wird es wohl anständig losgehen mit dem Winter. – Was ist mit dem da?" Dennis faßte Erneneq an die Schnauze.

„Er hat seit Tagen nach dem Fressen immer Blut an der Schnauze. Nicht lange. Kurze Zeit später hat er es wohl abgeleckt, und es kommt auch nichts nach."

„Hat vielleicht eine Wunde, die er sich durch das harte Futter immer wieder aufreißt. Geben Sie ihm doch ein paar Tage eingeweichtes Futter, bis die Wunde richtig verheilt ist."

Dennis wärmte sich eine Stunde in der Hütte auf, trank einen Kaffee und aß begeistert von meinem frischgebackenen Vollkornbrot. Ich gab ihm als Dank für die Tier-Kadaver ein kräftiges Stück Brot mit.

„Wie lange bleiben Sie noch allein hier?"

„Ich hoffe, daß Konrad in den nächsten Tagen seine Ankunft durchgibt."

„Ihr solltet mich besuchen, wenn er da ist. Ihr könnt in meiner Hütte übernachten. Das ist kein Problem."

„Eine gute Idee. Wie lange brauchen wir zu Ihnen mit dem Hundeschlitten?“

„Das ist eine gute Tagestour von hier bis zum Lake Laberge. Gut, daß Sie mich daran erinnern. Ich muß los. Ich will noch einige Fallen überprüfen. Und wie Sie wissen, sind die Tage kurz in dieser Jahreszeit.“

Ich war ein wenig traurig, daß Dennis sich so schnell wieder verabschiedete. Dieser sechzigjährige Athapasken-Indianer war nett – und interessant. Er hatte sicher ein aufregendes Leben geführt hier oben in der Wildnis. Es wäre schön, einmal einen ganzen Abend mit ihm zu plaudern. Dieser Kaffeeplausch hatte gerade nur zum gegenseitigen Beschnuppern gereicht.

Wie ein Indianer sah er nicht gerade aus, als er sich auf seinen Snow-Scooter setzte: ein dicker, blauer Parka, die Kapuze eng zugeschnürt, so daß gerade noch die Augen zu erkennen waren, Jeans, dicke Handschuhe und Thermostiefel. Was hatte ich erwartet? Kopfschmuck? Ich mußte über mich selbst lachen. Zu albern, sich nicht von den Klischees der Cowboy-Filme lösen zu können. Ich winkte dem Trapper nach.

In den folgenden Tagen sank die Temperatur, wie von Dennis angekündigt, weiter. Immer dicker wurde die Eisschicht, die ich morgens am Eisloch aufschlagen mußte. Ich kapitulierte schließlich. Statt mich morgens mit einem auf vierzig Zentimeter Dicke zugefrorenen Loch herumzuschlagen, begann ich erst Schnee, später Eisstückchen in Eimern auf dem Ofen zu tauen. Ein mühseliges Unterfangen.

Ich registrierte die zunehmende Kälte bei jeder meiner alltäglichen Handlungen, bei jedem Schritt. Die eisige Luft schmerzte in der Lunge. Mein Atem zeichnete sich nicht mehr nur als Nebel ab. Der feuchte Atem gefror, sobald er den Mund verlassen hatte, und knisterte in der Luft.

Der Generator, den ich wegen des Benzingestanks über Nacht

immer nach draußen stellte, benötigte statt der üblichen einen nun drei Stunden Vorwärmzeit. Dann erst konnte ich ihn zum Laden der Funkgerätebatterie einsetzen. Im Inneren des Glases der über Nacht brennenden Petroleumlampe bildete sich bis zum Morgen durch das sich niederschlagende mit schwarzem Ruß vermischte Kondenswasser eine dicke Eisschicht, durch die kaum noch Licht nach außen dringen konnte.

Ich beobachtete, wie die Natur in einen totalen Ruhezustand überging. Auf dem gesamten Gelände um die Hütte konnte ich keine frischen Spuren von Hasen oder anderem Wild im Schnee entdecken. Die Tiere hatten sich vor der Kälte zurückgezogen und in ihren Höhlen, Löchern und Bauten Schutz gesucht. Der Mensch tat am besten, es ihnen nachzumachen.

Ich verließ so selten wie möglich die Hütte. Stundenlang saß ich am Ofen, strickte, las, knabberte Kekse und war froh, daß die Hütte mir Schutz bot.

„VGN six nine nine Fox Lake. Charles to all neighbors: guys – it's minus sixty one five Celsius."

Die Stimme des Mannes, der über die abendliche Plauderstunde des *public channel* andere *out-doors,* Bewohner und Trapper der Wildnis, über die Wetterverhältnisse informierte, nannte nüchtern die Fakten: Fox Lake lag etwa fünfzig Kilometer vom Coghlan Lake entfernt, und dort herrschten 61,5° Celsius unter Null.

Die Schlittenhunde gruben sich zum Schutz vor Kälte und eisigem Wind Kuhlen in den Schnee. Zu Kugeln eingerollt, hielten sie ihre Läufe so unter den Körper, daß diese relativ unbehaarten und ungeschützten Körperteile den kalten Boden nicht berührten. Die Köpfe im Wollfell vergraben, warteten sie mit dem Rücken zum Wind, bis die Nacht vorüber war. In der klirrenden Kälte gefror ihr Atem sofort und schlug sich als eisiger Rauhreif auf ihren pelzigen Gesichtern nieder.

Ich beobachtete, daß auch für sie das Atmen bei so extremen Temperaturen schmerzhaft war, und vermied es daher, sie durch zuviel Bewegung zum schweren, tiefen Atmen zu nötigen. Tage zuvor noch hatte ich sie als Zugtiere eingesetzt. Da ich des Holztragens müde war, hatte ich aus Wellblech und Draht eine Art Schlitten konstruiert. Damit ließ ich die Hunde das am Waldrand gestapelte Holz zur über fünfhundert Meter entfernten Hütte ziehen.

Zu den auserwählten Hunden für den ersten Einsatz zählte selbstverständlich Baro. Außerdem hatte ich Erneneq und Ivalu für geeignet gehalten. Ich hatte die drei erfolgreich eingespannt und sie dann von den zur Sicherheit noch angelegten Ketten lösen wollen.

Verdammt! Der Haken von Ivalus Kette war eingefroren. Ivalu hatte eifrig daran herumgekaut. Nun hatte sich ihr Speichel als dicker Eisklumpen um den Haken gelegt. Nach einer halben Stunde verzweifelter Versuche, sowohl das Problem als auch den Haken zu lösen, gab ich auf. Ich spannte Ivalu wieder aus und statt dessen Amaroq ein, was Ivalu mit beleidigtem Geheul quittierte.

„Hökk!" rief ich den Hunden hinten am Blechschlitten stehend zu. *Hökk*, so hatte mir Konrad aufgeschrieben, war das Kommando für die Hunde zum Loslaufen. Doch nichts passierte.

„*Hökk*, Baro, *hökk – red fram*" – vorwärts geradeaus. Baro blickte mich an, rührte sich aber nicht. Ich gab auf, marschierte zu Baro nach vorne. „Komm, alter Junge", sagte ich und begann zu laufen. So klappte es. Baro und notgedrungen auch Erneneq und Amaroq setzten sich in Bewegung.

„Aii!" rief ich laut, was „stehenbleiben" bedeutete. Auch dieses Kommando beeindruckte sie, zumindest aus meinem Mund, wenig. Ich griff ins Geschirr und brachte die drei somit zum Halten. Irgend etwas mußte ich falsch machen. Von meiner Stimme allein ließen sich die Hunde jedenfalls nicht lenken. Mit etwas Schieben, Rücken und Ziehen kamen wir allerdings erfolgreich und mit Holz beladen zur Hütte zurück, wo uns Ivalu immer noch beleidigt heulend begrüßte.

Ein zuverlässiger und treuer Freund: Baro

Das Ziehen des beladenen Blechschlittens forderte Kraft und nötigte die Hunde zum tieferen Atmen. Als die extreme Kälte über uns hereinbrach, mochte ich sie daher nicht länger bei dieser Arbeit einsetzen.

Der an der Hütte gestapelte Holzvorrat würde für gut eine Woche reichen.

Um den Hunden dennoch ein wenig Bewegung zu verschaffen und ihnen nicht tagelang ausschließlich das Leben im Zwinger zuzumuten, führte ich täglich ein bis zwei Hunde an der Leine spazieren. Zu weit mochte ich mich dabei nicht vom Blockhaus entfernen. Immer noch unerfahren im Umgang mit der Wildnis, vermutete ich hinter jedem Knacken im Wald eine Gefahr. Die schneebeladenen Bäume wirkten im Dämmerlicht auf mich wie unheimliche Männer mit weißen Bärten, der Wald undurchdringlich und geheimnisvoll. Überall meinte ich die lauernden Augen eines Wolfes oder Luchses zu erkennen.

Zu dieser unwirklichen Angst gesellte sich die Furcht, während meiner Abwesenheit könnte der Ofen durchbrennen und die Hütte in einen riesigen Aschenhaufen verwandeln. Das wärmende Dach aber über dem Kopf zu verlieren wäre für mich unter Umständen tödlich gewesen. Die Erforschung der weiteren Umgebung erschien mir bei der lausigen Kälte ohnehin nicht besonders verlockend. Brennholz hacken, Wasser holen, Füttern, Tränken und Ausführen der Hunde, Brot backen im draußen stehenden Ofen, der Gang zum fünfzig Meter entfernten hölzernen Toilettenhäuschen – die Zeit, die ich notgedrungen draußen verbringen mußte, war lang genug. Obwohl warm eingepackt, mußte ich mich nach einer Stunde Aufenthalt im Freien zum Aufwärmen in die Hütte zurückziehen. Nach dem Genuß eines heißen Tees verließ ich sie dann wieder dick vermummt.

Konrad hatte mich mit der dieser Kälte angemessenen Kleidung gut ausgerüstet. Langärmelige und langbeinige Angora-Unterwäsche, dicke Schurwollstrümpfe bis über die Knie. Darüber ein Flanellhemd und eine Windhose aus Popeline sowie einen Pullover aus unentfetteter Schurwolle und eine weitere Windhose als Schneeschutz.

Bei den extremen Temperaturen reichte selbst dies nicht mehr aus. Ein Popeline-Anorak mit Wolfsfellkapuze und eine Daunenhose rundeten dann die Vermummung ab. Vor meine Wollmütze band ich als Gesichtsschutz noch ein Seidentuch mit eingeschnittenem Mund- und Nasenloch. An den Füßen trug ich White-

Army-Boots und doppelte Filzinnenschuhe, an den Händen über den Wollhandschuhen noch Windhandschuhe aus Leder, die auf der Oberseite rauh und pelzig waren, so daß man sie auch als „Taschentuch" benutzen konnte.

So dick vermummt, mußte ich aufpassen, bei der Arbeit nicht ins Schwitzen zu geraten. Der Schweiß konnte sofort auskühlen und möglicherweise zu allerschlimmsten Erfrierungen führen, sobald man sich nicht mehr bewegte. Ruhig, fast langsam führte ich daher meine Bewegungen aus, was mir anfangs eine ungeheure Selbstbeherrschung abverlangte. Ich lernte, daß nicht die Schnelligkeit, sondern die „Lahmheit" mich in dieser Lage am Leben erhielt. „Gemessenen Schrittes" führte ich die Hunde aus, mit ruhigen Bewegungen spaltete ich das Brennholz, das bei minus 40° Celsius wie Glas zersplitterte. Beim Holzhacken kam ich mir wie Herkules vor, der langsam, aber mit gewaltiger Kraft Baumstämme zerbrach.

Trotz der Kleidung fror ich – ebenso die Hunde. Auch den Huskies und Grönländern wurden diese Temperaturen zur Belastung. Ein kränkliches Tier hätte diese brutale Kälte vielleicht gar nicht überstanden. Eine solch traurige Erfahrung blieb mir jedoch erspart. Ich erlebte im Gegenteil jeden Morgen lebenslustige Freudensprünge und aufgeregtes Geheul, sobald ich die Schüsseln mit Futter füllte.

Schwierigkeiten bereitete mir die Versorgung der Hunde mit Trinkwasser. Normalerweise sorgten die Tiere für sich selbst, indem sie Schnee fraßen. Im Zwinger aber, einem relativ eingegrenzten Bewegungsfreiraum, war der Schnee um sie herum schnell verschmutzt. Ich stellte daher Trinknäpfe auf. Aber das Wasser, das ich in diese füllte, gefror innerhalb weniger Minuten zu Eis. Es nutzte auch nichts, daß ich es in Eimern am Ofen in der Hütte vorwärmte. Bei meinen regelmäßigen Kontrollgängen zu den Hunden mußte ich immer wieder das Eis aus den Näpfen schlagen und neues Wasser nachfüllen. Erneneq, lustig und ungestüm, dachte – obwohl kälteerfahren – eines Nachts nicht an seine buschige Rute. Vielleicht träumte er von frischem Fleisch statt des ewigen Trockenfutters. Jedenfalls hing die Rutenspitze im Wasser, und als er mich am nächsten Morgen freudig mit dem Schwanz wedelnd begrüßte, wedelte der Napf mit.

Da Joe sich angemeldet hatte, schrieb ich Konrad einen Brief, in dem ich ihm von den lustigen Ereignissen auf seinem Grundstück berichtete. Ich hatte Konrad seit Tagen wieder nicht über Funk telefonisch erreichen können. Bei unserem letzten Telefonat hatte er mir immer noch nicht sagen können, ob und wann er zum Coghlan Lake kommen würde. Er war weiterhin beruflich an Berlin gebunden und wartete auch noch auf die Einwanderungspapiere für Kanada.

„... Ich werde langsam unruhig", schrieb ich. „Du wolltest ursprünglich schon vor zwei Wochen hier sein. Wenn Du kommst, bring mir bitte 5000 Gramm weiße Schurwolle mit. Und Samen für Petersilie, Schnittlauch, Kresse und Sojabohnen. Eine Liste der Nahrungsmittel und sonstiger Dinge, die Du noch besorgen solltest, wie Weckgläser, Alufolie, Stecknadeln usw., habe ich mit Joe nach Whitehorse geschickt. Sie liegt dort in Deinem Postfach. Komm bitte bald!! Inge.

P.S. Die Hühner, die ich für dich bestellen sollte, hat Joe heute hier abgeliefert."

Joe hatte mir fünfzehn Haushühner mitgebracht, die die Bewohner der Hütte in Zukunft regelmäßig mit frischen Eiern – und gegebenenfalls auch einmal mit einem Braten – versorgen sollten. Ich hatte sie in dem an die Hütte angrenzenden Schuppen untergebracht. In den folgenden Tagen zeigte sich aber, daß er nicht ausreichend isoliert war und gegen die Kälte nicht genügend Schutz bot.

Die Lust und Energie der Hühner, Eier zu legen, sank rapide. Schließlich verweigerten sie sogar das Fressen. Apathisch hockten sie über- und nebeneinandergedrängt in einer Ecke des Stalles. Ich versuchte, sie mit warmem Haferbrei und Lebertran bei Kräften zu halten. Ich griff mir jedes Tier einzeln, setzte es vor den Futternapf und tunkte den Schnabel in den Brei. Es half nichts.

Abends hob ich sie fürsorglich vom Boden auf und setzte sie auf die Stange, damit sie nicht der unerträglichen Bodenkälte ausgeliefert waren. Dennoch lag morgens zuweilen ein Huhn tiefgefroren am Boden. Tot. Das stimmte mich zwar immer traurig, aber es wunderte mich eigentlich auch, daß der Großteil der Hühner auf der Stange durchhielt. Immer spärlicher wurde die Eierausbeute. Im Körper der Hühner bereits tiefgekühlt, fielen sie mit lautem Knall zu Boden und platzten. Das Eigelb sah aus wie gekocht. Die von mir heißersehnten Spiegeleier blieben Träume.

Wenige Tage später spitzte sich die Situation zu. Beim morgendlichen Füttern bemerkte ich, daß die Hinterleiber der Hühner verhärtet waren. Der Darmtrakt ist eingefroren, schoß es mir durch den Kopf, und ein Schauer lief mir über den Rücken. Ich überlegte krampfhaft, was ich tun sollte. So etwas hatte ich noch nie erlebt. Und auch gehört hatte ich von einer solchen Reaktion auf die Kälte noch nicht. Es gab nur eins: Die Hühner mußten irgendwohin, wo es warm war. Ich packte mir je zwei Hühner unter den Anorak und trug sie in die Hütte. Dort setzte ich sie zum Aufwärmen erst einmal vor den Ofen, füllte den Nachttopf mit heißem Wasser und setzte jedes Huhn einzeln für ein paar Minuten mit dem Hinterteil in die Schüssel, um den Darm aufzutauen.

Nach drei Stunden war die Rettungsaktion beendet. Die Hühner liefen aufgetaut und erstaunlich munter im warmen Raum herum. Ich freute mich. Nicht zu lange allerdings. Die Hühner entleerten ihren Darmtrakt, als würden sie dafür Preise erhalten, und in meiner gemütlichen Hütte roch oder besser stank es bald entsetzlich.

„CFY eighty-two is calling SQ eight-three-zero."

Die Stimme der Vermittlerin, einer stets freundlichen und immer zu einem Plausch aufgelegten, netten Dame, schreckte mich auf.

„CFY eighty-two is calling SQ eight-three-zero …"

Ich ging zum Funkgerät. Acht Uhr abends – die mit Konrad für Telefonate verabredete Zeit.

„SQ eight-three-zero is answering."

„Can you read me? How can you read me?"

„I read you five by." Die Verbindung war klar und deutlich.

„I have a telephone call for you from overseas, West Germany. Are you ready?"

„O. K., I'm ready."

„Hallo, Inge …" Mehr ließ ich Konrad gar nicht sagen. Ich redete sofort los.

„Konrad, du kannst dir nicht vorstellen, was hier los ist. Es ist so kalt, daß die Hühner gefrorene Eier legen und über Nacht an der Stange festfrieren. Heute wären sie beinahe gestorben. Es ist kaum zu glauben, aber ihr Darmtrakt war eingefroren. Hast du so etwas schon einmal gehört?" Meine Stimme zitterte noch vor Aufregung.

„Wann kommst du endlich? Du wolltest doch schon lange hier sein. Ich werde langsam sauer."

„Die Kanadier haben mir immer noch nicht das offizielle Okay für die Einwanderung gegeben. Ich war gestern in Bonn bei der Botschaft und habe eine medizinische Untersuchung über mich ergehen lassen müssen. Ich denke, daß hier jetzt jeden Tag ein positiver Bescheid von der Botschaft eintrifft. Dann buche ich sofort einen Flug."

„Kannst du nicht ein bißchen Druck machen, daß es schneller geht?"

„Ich versuch es. Was machst du mit den Hühnern?"

„Ich lasse sie jetzt erst einmal in der Hütte. Hier ist es warm, und Wärme brauchen sie wohl."

Noch am selben Abend holte ich die Hundekäfige, in denen die Tiere im Hubschrauber transportiert worden waren, aus dem Schuppen ins Haus. Ich legte sie mit Moos und Sägespänen aus und fand einen idealen Platz für sie unter der Küchenanrichte, einem breiten Holztisch am Fenster. Die Hühner hatten einen neuen Stall.

Lautes Gegacker weckte mich am nächsten Morgen. Ich lugte noch mit den Augen blinzelnd aus dem Schlafsack. Die Hühner schienen die erste Nacht im neuen Heim gut überstanden zu haben. Aufgeplustert saßen sie nebeneinander in ihrem Käfig. Eine pechschwarze Henne hatte sich selbständig gemacht, inspizierte neugierig die Ritzen im Fußboden und näherte sich vorwitzig meinem Bett. Sie machte einen Morgenschwatz mit mir, gurrte und turtelte. Tusnelda, dachte ich, könnte sie heißen und beschloß, den Hühnern Namen zu geben.

Improvisation ist alles: Inges Hühnerstall in der Blockhütte

Draußen krähte der Hahn.

Mein Gott, dich habe ich total vergessen!

Der Hahn war am Tag zuvor der einzige gewesen, der keinen eingefrorenen Darmtrakt aufgewiesen hatte. Ich hatte an ihn überhaupt nicht mehr gedacht, ihn draußen im Stall allein gelassen, anstatt ihn zu seinen Hühnern hereinzuholen.

Ich sprang aus dem Bett, zog mir rasch warme Kleidung über und rannte zum Stall hinter der Hütte. Als ich die Tür aufriß, torkelte mir der Hahn entgegen. Es sah komisch aus, aber es war kaum zum Lachen. Offensichtlich waren seine Beine steif gefroren. Ich packte ihn unter den Arm, brachte ihn zur Hütte und stellte ihn in den mit warmem Wasser gefüllten Nachttopf. Sammy, so beschloß ich, ihn zu nennen, schien sich zu erholen.

In den nächsten Tagen verschlechterte sich allerdings sein Befinden wieder. Geschwächt durch die Erfrierungen, saß er apathisch im Käfig. Zu allem Überfluß begannen die Hennen auch noch auf ihm herumzuhacken und seine Position in der Rang- und Hackordnung anzuzweifeln. Seine Beine wurden allmählich schwarz. Die Zehen begannen abzufaulen. Ich nahm den Hahn aus dem Käfig...

Zehn Minuten, nachdem ich mein Gespräch beim *operator* – der netten Dame von der Vermittlung – angemeldet hatte, war die Verbindung hergestellt.

„Sammy ist tot!"

„Wer ist Sammy?" fragte Konrad etwas erstaunt.

„Der Hahn. Seine Beine sind erfroren. Ich mußte ihn töten." Mir war zum Heulen, ich war innerlich leer und aufgewühlt zugleich und fühlte mich entsetzlich. Konrad schien zu spüren, wie mir zumute war.

„Inge, die Einwanderungsformalitäten sind abgeschlossen. Ich habe schon einen Flug gebucht. Übermorgen fliege ich los.

Das war die einzig richtige Nachricht in diesem Moment. Ich vergaß Sammy und machte innerlich einen Freudensprung.

„Wirklich wahr? Ist ja toll. Wann bist du dann hier? Vergiß nicht, daß ich eine Einkaufsliste in Whitehorse für dich hinterlegt habe. Du mußt jede Menge Sachen mitbringen."

„Wird gemacht. Wenn alles glatt läuft, bin ich Mittwoch nachmittag am Coghlan Lake. Vorausgesetzt, Joe ist wie immer schnell und kurzfristig startbereit."

„Ich informiere Joe vorsichtshalber noch heute abend. Das ist sicherer."

„Eine gute Idee, mach das. Bis Mittwoch also, und laß dich bis dahin nicht noch von einem Trapper entführen."

„Ich werde ganz bestimmt hier sein, wenn du kommst. Nur keine Bange!"

Unsagbar erleichtert und froh kroch ich an diesem Abend in meinen Schlafsack.

Zweisamkeit in der Einsamkeit

Platz ist in der kleinsten Hütte

In meinem Haus in Berlin legte ich den Telefonhörer auf und wandte mich wieder meinen Alukisten zu, die gepackt werden mußten. Inge schien sich über meine Nachricht, daß ich nun endlich zum Coghlan Lake kommen könnte, unbändig gefreut zu haben. Ich spürte, daß auch ich aufgeregt war. Die Reiselust hatte mich wieder gepackt und die Sehnsucht nach meinem Land in Kanada.

Nach vielen Flugstunden endlich in Whitehorse angekommen, machte ich mich sofort daran, die von Inge zusammengestellte Einkaufsliste abzuhaken. Das nahm etliche Zeit in Anspruch, so daß Joes „Cessna" schon startbereit war, als ich am Flughafen ankam. Wir luden gemeinsam die Aluminiumkisten ein, und wenig später befanden wir uns in der Luft. Vierzig Minuten dauerte der Flug über die unendlich weiße Weite, über die 100 Kilometer *no-where* – nichts –, nördlich von Whitehorse. Wir überflogen den Lake Laberge, das ehemalige Goldrausch-Gebiet, und erreichten den Coghlan Lake. Joe drehte ein sogenanntes „Hallo", eine Begrüßungsrunde, über der Halbinsel. Unten, am Rande des Sees, stand Inge, tief vermummt und neben sich einen Hund. Ich erkannte meinen Leithund Baro.

Als ich mit Joe nach der Landung auf der von Inge mit Tannenzweigen markierten See-Landebahn aus dem Flugzeug stieg, war ich aufgeregt. Inge schien es nicht anders zu gehen. Ich entdeckte sogar ein verdächtiges Glitzern in ihren Augenwinkeln, und als ich sie in die Arme schloß, spürte ich, daß sie zitterte.

Wir schleppten gemeinsam die Kisten zur Hütte hinauf, wo mich das Begrüßungsgeheul der Schlittenhunde empfing. Ich blickte mich um, hatte das merkwürdige Gefühl, ein Eindringling zu sein. Das war nicht mehr nur meine Hütte, auf die ich zuging – zwei Monate lang war dieser Platz allein Inges Reich gewesen. Die Spuren im Schnee, die zum Wasserloch, zu den Hunden, zum Brennholzstapel, zum Toilettenhäuschen führten, waren ihre Spuren, nicht meine. Ich spürte, daß ich in diesem Moment in Inges privates Reich, in ihr Leben einbrach.

Sie servierte mir zur Begrüßung frisch gebackenes Brot und Brötchen. Ich fühlte mich als Gast, und sie sah mich nicht anders. Wir mußten uns erst aneinander gewöhnen.

Während wir gemütlich vor dem Ofen sitzend Butterstullen mampften, erklärte Inge mir, wie sie sich in der Hütte eingerichtet hatte und wie ihr Tagesablauf organisiert war. Nun fühlte ich mich, der ich Inge zwei Monate zuvor als blutige Anfängerin in die Wildnis geschickt hatte, wie ein Greenhorn. Beeindruckt blickte ich mich in der Hütte um. Alles war ordentlich und mit größter Zweckmäßigkeit eingerichtet. Inge schien auch ein bewundernswertes Improvisationstalent zu besitzen. Pappkartons dienten als Wäsche-, Woll- und Geschirrbehälter, sogar als Bücherstützen. Gläser standen sorgfältig gereinigt in einer Ecke der Küchenanrichte, auf dem Ofen ein Eimer warmen Wassers, an einer durch den Raum gespannten Leine trocknete Kleidung.

Es war schon spät am Abend, ich zitterte vor Übermüdung und Kälte, aber Inge erzählte und erzählte. Sie beschrieb ihren Alltag, ihre Abenteuer. Es war, als wäre in ihrem Innern ein Damm gebrochen. Verständlich genug, nachdem sie so lange allein gewesen war. Erst am Morgen schliefen wir endlich ein, und ich hatte das Gefühl, daß die unsichtbare Wand, die bei meiner Ankunft zwischen uns gestanden hatte, zusammengebrochen war.

Dennoch waren wir die nächsten Tage vor allem damit beschäftigt, uns zu beschnuppern, unsere Positionen abzustecken und uns zu arrangieren. Zwei Menschen, die sich kaum kannten, auf engstem Raum, das gab genug Reibungspunkte. Dazu hatte Inge hier bislang alleine gelebt. Wir konnten kaum voreinander flüchten. Die Kälte trieb uns schnell wieder ins Haus und zueinander. Rangeleien um Kleinigkeiten waren an der Tagesordnung. Dem einen war es in der Hütte zu warm, dem anderen zu kalt. Das Fußbänkchen vor dem Bett war auch ein beliebtes Streitobjekt. Mit seiner Hilfe konnte man auf dem Bett wie auf einem Stuhl sitzen, ohne mit den Füßen den null Grad kalten Boden berühren zu müssen. Das Problem war nur, daß auf der kleinen Holzbank nur ein Paar Füße Platz hatte.

Wir fanden reichlich Ansatzpunkte, uns aneinander zu reiben.

Wer mußte die Wäsche aufhängen? Wer den Brotteig kneten? Wer nachfeuern? Wer abwaschen?

„Wieso schon wieder ich? Du bist heute dran. Ich bin gestern nacht aufgestanden und habe Holz nachgelegt."

„Dafür habe ich heute nachmittag in der Kälte zwei Stunden lang

Baro, Kirow und Kodiak – meine erfahrensten Schlittenhunde

Brennholz zur Hütte geschleppt. Nein, nein, du bist dran."

Oder: „Leg deine Socken gefälligst in dein Fach!"

Zum wiederholten Male hatte ich beim Griff nach meinen roten Socken in meinem Fach ein Paar erwischt, das eindeutig nicht mir gehörte. Die Socken waren schlicht zu klein.

„Himmel noch mal, stell dich nicht so an! So was kann doch mal passieren."

„Ich hasse es, wenn die Sachen durcheinanderliegen."

„Trink erst mal einen Kaffee. Davor bist du ungenießbar." Eingeengt auf 20 qm Raumfläche, kamen wir uns zuweilen ganz schön ins Gehege und waren oft ziemlich gereizt. Gleichzeitig aber hatte dieses enge Zusammenleben auch ausgesprochen angenehme Seiten.

Wann hilft einem zum Beispiel jemand bei der Körperwäsche? In unseren Wohnungen mit modernen Badezimmern ist das ja kaum nötig. Am Coghlan Lake aber, in meiner kleinen Hütte, waren Inge und ich aufeinander angewiesen bei unserem wöchentlichen Waschritual.

Zuerst legten wir einen großen Scheuerlappen auf den Boden, der das überplätschernde Wasser aufsaugen sollte, bevor es auf dem eiskalten Boden gefrieren und uns zum Ausrutschen bringen konnte. Mit dem vom See heraufgeschleppten und auf dem Ofen erhitzten Wasser schrubbte ich Inges Rücken und sie dann meinen – vorsichtig, um nicht zuviel von dem kostbaren Naß zu verschütten. Dennoch war am Ende der Zeremonie der Scheuerlappen meist wassergetränkt und am Boden festgefroren.

Wir hatten ein gemütliches Frühstück hinter uns und uns unwillig nach draußen begeben, um frisches Wasser und neues Brennholz zu holen.

„Konrad, komm schnell!" Inge kam atemlos um die Ecke gestürmt. „Da hinten sind Spuren im Schnee."

Wölfe! Es waren Wolfsspuren. Eigentlich keine Überraschung. Wir hatten sie in den Nächten heulen gehört. Aber daß sie sich so dicht an unsere Hütte heranwagen würden, hatten wir nicht vermutet. Der Winter war hart für die Tiere. Die Suche nach Nahrung und Beute sicher schwierig und oft erfolglos. Hunger und Neugierde waren es wohl, die die Tiere in die Nähe unserer Hütte trieben. Für Inge und mich bestand sicher keine Gefahr. Was die Wölfe interessierte, waren vermutlich die Hühner und die Hunde, die sie witterten. Ich wußte, daß die großen, starken Yukon-Wölfe, die sogenannten Timber-Wölfe, durchaus in der Lage waren, einen wesentlich zierlicheren Schlittenhund anzufallen und zu töten.

Inge und ich standen den ganzen Tag unter Hochspannung, ließen unsere Blicke immer wieder zum Waldrand streifen. Es rührte sich nichts. Die Hunde waren ruhig und friedlich, und auch aus dem Wald war kein verdächtiges Geräusch zu hören. Es begann zu dunkeln, und wir zogen uns in die Hütte zurück.

„Meinst du, sie fallen in der Nacht über die Hunde her?"

„Weißt du, über die Wölfe gibt es eine Unmenge böser Geschichten, die in unseren Köpfen herumspuken und uns Angst machen. In den meisten Geschichten steckt nur wenig Wahrheit. Aber es kann natürlich trotzdem sein, daß gerade diese Wölfe, die sich jetzt hier herumtreiben, so vom Hunger gepeinigt sind, daß sie sich auf von Menschen bewohntes Gelände wagen, um irgendwie an etwas Freßbares heranzukommen."

Schon in den Schlafsäcken liegend, lauschten wir immer noch in den Wald. Das leiseste Knacken schreckte uns auf. Waren das die Wölfe? Was konnten wir tun, wenn sie tatsächlich die Hunde anfallen sollten? Ich stand noch einmal auf und überprüfte das Gewehr. Ein Schuß mit einer Schrotpatrone hätte auch die Hunde, die es zu schützen galt, treffen und verletzen können. Ich lud die Waffe mit BB-Patronen und stellte sie griffbereit an die Tür.

Da, wieder ein Knacken! Die Hunde schlugen an. Ich sprang aus dem Bett, rannte, nur mit einem Trapperoverall bekleidet, aus der Hütte, in der linken Hand die Petroleumlampe, in der rechten das Gewehr. Draußen war es stockfinster. Die Lampe spendete nur einen kläglichen Lichtstrahl, der Mond war von dicken Wolken verhangen. Ich erkannte so gut wie nichts, ahnte nur durch das Geheul der Hunde, daß die Wölfe in der Nähe sein mußten. Unschlüssig stand ich vor der Hüttentür. Überlegte, was das Vernünftigste sei. Schließlich gab ich einen Schuß in Richtung Wald ab, in der Hoffnung, daß dies die Tiere vertreiben würde, und ich hatte Glück. Die Wölfe waren anscheinend noch nicht zu ausgehungert gewesen. Nach meinem Schuß klang auch das Geheul der Hunde allmählich ab.

Die folgenden Tage blieben ruhig. Keine Anzeichen, daß sich die Timber-Wölfe weiterhin in unserer Nähe aufhielten. Dennoch standen wir weiter in Alarmbereitschaft, registrierten jedes ungewöhnliche Geräusch, beobachteten das Gelände. Sogar auf unser fünfzig Meter von der Hütte entferntes Toilettenhäuschen wagten wir uns nur bewaffnet. Die Tür weit aufgelassen, um das Gelände sicher im Blick zu haben, das Gewehr in die Ecke gestellt.

Auch hier an unserem „stillen Örtchen" zeigte sich, daß manch ein Problem schneller wächst, wenn man zu zweit ist. Unsere Hinterlassenschaften gefroren in der Kälte sofort, türmten sich, da sie nicht in die Tiefe absackten, zu einem großen Haufen. Wir rückten dem Problem mit warmem Wasser, Spitzhacke und Brecheisen zu Leibe.

„Inge, hör auf, wir machen später weiter. Hol, so schnell du kannst, Wasser hoch, auf Vorrat. Ich hole inzwischen neues Holz."

„Was ist los? Hast du keine Lust mehr zu dieser Drecksarbeit?"

„Das sicher auch, aber schau mal da drüben hin zum Berg. Da braut sich was zusammen. Ich riech das schon förmlich."

„Du spinnst doch. Die Sonne scheint; wieso sollte sich da was zusammenbrauen?"

„Red nicht lange, Mädchen! Verlaß dich auf mich, und tu, was ich sage."

Eilig schleppten wir Wasser und Brennholz heran, versorgten die Hunde, und dann war er schon da – der Schneesturm. Gewaltige Windböen jagten vom See herauf, eisige Hagelkörner mit sich führend. So rasch wir konnten, zogen wir uns in die Hütte zurück. Wir spürten, mit welcher Kraft der Sturm am Gebälk zerrte. Beim Blick aus dem Fenster war nichts weiter zu erkennen als ein dichter Vorhang wirbelnder Flocken und durch die Luft peitschende winzige Eisstückchen.

Sechsunddreißig Stunden blieben wir in der Hütte, wagten uns nicht hinaus. Nur einmal kämpfte ich mich zu den Hunden vor, um zu überprüfen, ob bei ihnen alles in Ordnung sei. Sie hatten sich zusammengerollt und ihre Körper dicht an den Boden gepreßt: zähe Tiere, die dem Sturm „den Rücken" boten.

Sechsunddreißig Stunden ununterbrochen in der Hütte – und doch, wir hatten uns mittlerweile an diesen engen, gleichzeitig aber gemütlichen Raum gewöhnt und fühlten uns nicht eingepfercht, auch wenn uns darin nur ein paar Schritte Bewegungsfreiheit blieben.

Von der Eingangstür war es nur ein Schritt nach links zu unserer „Trockenecke". Hier hängten wir unsere naßkalte Kleidung, einschließlich der Stiefel, zum Abtropfen und Trocknen an eine Stange. Nur ein weiterer Schritt, und wir hatten bereits unsere heißgeliebte „Ofenecke" erreicht. Hier wärmten wir uns Hände, Füße und den Rücken auf. Hinter dem Ofen hatten wir vereistes Holz zum Trocknen gestapelt. Es war gleichzeitig der Notvorrat. Falls uns ein Sturm daran hinderte, neues Holz zu holen, hatten wir genügend für drei Tage im Haus.

Von der „Ofenecke" war es nach rechts ein Schritt zur „Tischecke". Hier wurde gegessen, gestrickt, gelesen, Karten gespielt, geklönt, Holz geschnitzt. Zu unseren Werken gehörten kleine Brotbrettchen und Eierbecher, damit die Frühstückseier, die uns nun reichlich zur Verfügung standen, nicht vom Tisch kullerten. Bis zu meiner Ankunft hatte sich Inge phantasievoll mit halben Toilettenrollenringen beholfen. Zeichen von Phantasie und Kreativität – aber kein Vergleich zu unseren selbstgeschnitzten und verzierten Holzeierbechern.

Ein Schritt rückwärts die „Küchenecke" mit einem großen Holztisch unter dem Fenster. Der Platz, an dem wir die Mahlzeiten vorbereiteten, Brotteig kneteten und in zwei großen Bottichen die Wäsche wuschen.

Genau vier Schritte waren es von dort zur „Bettecke", dem kuscheligsten und gemütlichsten Platz unserer Hütte. Ein idealer

Platz zum Aneinanderkuscheln und gegenseitigen Wärmen. Der Wärme ausstrahlende Ofen stand in der Nähe, die kalte Eingangstür war weit entfernt – relativ gesehen. Platzprobleme gab es keine. Das Bett reichte von Wand zu Wand. Platz genug für zwei, sich auszustrecken und zu entspannen. Rechts an der Wand schloß sich eine Regalfläche an, die ich während der langen Winterabende aus Planken gezimmert hatte. Fein säuberlich hatten wir hier persönliche Dinge und Kleidungsstücke einsortiert, die trotzdem immer wieder einmal durcheinandergerieten. 20 Quadratmeter bildeten unseren Frei- und Bewegungsraum.

Joe bringt Nachschub mit dem Hubschrauber

Nachdem Inge und ich uns aneinander gewöhnt hatten, war dieser Raum groß genug – von kleinen Alltagsstreitereien abgesehen –, das Leben zu genießen und alle notwendigen Arbeiten durchzuführen, ohne sich gegenseitig zu behindern.

Zu den unseren Tagesablauf regelmäßig bestimmenden Arbeiten zählte neben dem Heizen des Ofens, der Wasserversorgung und der Pflege der Hunde vor allem „unser täglich Brot".

Der von Inge im Dezember angesetzte Sauerteig war mittlerweile zu einem gut behüteten Schatz geworden. Ihm war die besondere Würze, der kräftige Geschmack unseres Brotes zu verdanken. Nach alten Brotrezepten knetete und walkte Inge am Vorabend den Brotteig für meist mehrere Brote auf Vorrat. Mit einer unglaublichen Ausdauer und Kraft boxte sie auf den Teig ein, bis er richtig geraten war. Um der Abwechslung willen probierte sie verschiedene Rezepte aus und vermischte den Teig mit Käse, Schinken, Zwiebeln, Sesam, Kümmel oder Rosinen. Am nächsten Morgen mußte der gußeiserne Backofen draußen vor der Hütte gut zwei Stunden mit Holzscheiten gefüttert werden, ehe er die richtige Temperatur erreicht hatte und der Brotteig hineingehoben werden konnte.

Das Brot machte ohne Zweifel unsere Hauptnahrung aus. Frische Eier lieferten uns die Hühner. Mehl, Hülsenfrüchte, Haferflocken, Zucker und getrocknetes Obst lagerten in einem winzigen Wellblechschuppen neben der Hütte. Dort waren sie vor den meisten Tieren sicher, ausgenommen vor Mäusen, derer wir auch mit einer Unzahl von Fallen nicht Herr werden konnten. Inge schimpfte zuweilen wie ein Rohrspatz über die ungeladenen Mitesser.

„Ich könnte ihnen den Hals umdrehen. Ich gebe ja zu, daß sie niedlich sind, aber langsam finde ich es nicht mehr komisch, was für Mengen die in ihren kleinen Mägen unterbringen können."

„Wieviel Fallen hast du jetzt aufgestellt?"

„Fünfzehn Stück. Aber glaube nicht, daß ich damit Erfolg hätte.

Sie sind zu schlau. Und unverschämt. Ich glaube, mittlerweile wagen sie sich auch schon in unsere Hütte."

„Wir sollten uns eine Katze anschaffen."

„Du, eine gute Idee! Ich wollte immer schon mal eine Katze haben. Wann holen wir sie?"

„Wart's ab. Laß es erst einmal Frühling werden. Du willst doch sicher eine junge Katze. Der sollten wir diesen harten Winter nicht zumuten."

Die Sache war beschlossen. Bis Ende des Winters schützten wir die im Schuppen gelagerten Nahrungsmittel derweil nicht mehr mit Holz-, sondern mit Aluminiumkisten vor den unersättlichen Nagern. Die Gefahr, daß wir über längere Zeit nicht durch das ohnehin teure Flugzeug aus Whitehorse beliefert werden könnten, war zu groß, als daß wir leichtsinnig mit unseren Nahrungsmitteln umgehen konnten. Kartoffeln, Gemüse wie Weiß- und Rotkohl, Brot, Käse und Fleischvorräte lagerten als Tiefkühlkost sicher in Aluminiumkisten verschlossen im Schnee vor dem Haus.

Während Inge sich um unsere Ernährung kümmerte, versorgte ich die Hunde oder schwang die Axt. Um immer genügend Holz vorrätig zu haben, waren täglich ein bis zwei Stunden Arbeit erforderlich. Die am Waldrand gestapelten Holzmeter mußten zur Hütte transportiert werden, ehe sie dort in gleich große Kloben zersägt und in verschieden große Scheite zerhackt wurden. Durch die unterschiedliche Größe und durch den Grad der Austrocknung der Scheite ließ sich die Wärme in der Hütte in gewissem Rahmen steuern. Wir lernten mit der Zeit, den Ofen unseren Bedürfnissen entsprechend zu heizen. Über Nacht legten wir ihn vor allem mit dicken Scheiten, meist nur einmal gehälfteten Stämmen, aus. Dickes Holz brennt langsamer an, verbreitet auch nicht zuviel Hitze und brennt dafür sehr lange, gibt als Glut über Stunden Wärme ab. Ideal war dafür auch „grünes", noch nicht durchgetrocknetes Holz, das lange schwelt, ehe es von der Glut zerfressen wird.

Trotz unserer Erfahrungen, die wir im Laufe des Winters sammelten, blieb das Heizen mit dem Yukon-Ofen immer ein Problem. Der Entschluß, einen großen gußeisernen Ofen für den nächsten Winter einzufliegen, war die notwendige Folge. Die Temperatur am Fußboden der Hütte kam auch bei extremer Befeuerung des Yukon-Ofens nicht über null Grad hinaus. In einer Höhe von 1,30 Metern dagegen lag sie dann bei über 30 Grad, so daß wir zuweilen mit freiem Oberkörper im Raum sitzen konnten. Unter dem Dach hätte man Spiegeleier braten können. Die Hitze staute sich oben unter dem Giebel. Nachts kühlte dann die Hütte trotz Nachfeuerung immer wieder aus. Der extremen Nachtkälte, die noch durch die winzigsten Fugen der Wände kroch, konnte der Blechofen nicht viel entgegensetzen.

Inge und ich hatten den Tag über gut vier Stunden fast ununterbrochen Holz herangeschleppt, zersägt und gespalten, um unseren Vorrat wieder zu vergrößern. Zwischendurch schliffen wir die bei dieser Arbeit schnell stumpf werdenden Äxte – erst mit der Feile, dann am Schleifstein mit Öl. Völlig erschöpft lag ich am Abend auf unserem Bett. Die Beine lang ausgestreckt, genoß ich das Nichtstun.

Inge polterte zur Tür herein.

„Komm raus, du fauler Kerl. So was hast du bestimmt noch nicht gesehen."

Ich erhob mich schwerfällig, zog mir langsam Stiefel und Jacke an und trat vor die Tür. Inge blickte gebannt in den Himmel.

„Doch, so was habe ich schon einmal gesehen. Das Polarlicht – die *aurora borealis.*"

„Das ist das Polarlicht? Mein Gott! Ich habe ja schon viel davon gehört, aber das – das ist ja einmalig!"

Dann schwiegen wir, vergaßen die Kälte. Das Schauspiel hielt uns gefangen. Wie eine riesige, beleuchtete Geisterhand zeigte sich hinter den Bergen im Westen das Polarlicht, begann mit den

Fingern zu spielen und sich auszubreiten. Groß und gewaltig wurde die mystische Hand, zappelte, schluckte das Schwarz der Nacht und den klaren Sternenhimmel. Gelbgrün wechselte mit sanftem Rosa, verblaßte, wurde wieder grün. Form und Farbe ständig wechselnd, wanderte die Naturerscheinung weiter in Richtung Osten. Ich wandte den Kopf von einer Seite zur anderen, um möglichst jede Veränderung am Himmel mitzukriegen. Wie angenagelt standen Inge und ich im Schnee, in der Kälte, die wir nicht spürten. Geisterhaft und fast beängstigend wirkte dieses Schauspiel auf uns, zugleich aber fühlten wir uns wie berauscht.

Der Weg ist weit zu Dennis

Die härteste Zeit des Winters lag hinter uns. Die Temperaturen stiegen auf minus 30 bis minus 20 °Celsius, was wir bereits als Wohltat empfanden. Unser tiefgefrorener Unternehmungsgeist begann aufzutauen. Es juckte uns in den Fingern, die Umgebung der Hütte zu erforschen und uns mit dem Hundeschlitten in die winterliche Wildnis zu wagen.

„Für eine Tagestour bietet sich an, bis zu Dennis zu fahren. Bis zu seiner Hütte am Lake Laberge sind es etwa achtzig Kilometer. Das könnte ich gut schaffen."

„Wieso du? Ich denke wir?"

„Ich glaube nicht, daß es klug wäre, wenn wir beide uns auf den Weg machen würden. Ich bin in diesem Gebiet noch nie mit meinen Hunden gefahren und kann daher sehr schlecht abschätzen, welche Gefahren auf uns zukommen könnten. Es wäre mir lieber, wenn du bei dieser ersten Tour in der Hütte bleiben würdest. Zur Sicherheit. Falls ich nach zwei Tagen nicht zurück bin, könntest du über Funk einen Suchtrupp herbeiholen."

„Das gefällt mir gar nicht. Ich will mitkommen, schon deshalb, weil ich gern mit Dennis ein bißchen plaudern würde. Können wir uns nicht doch beide auf den Weg machen?"

„Wir könnten schon, aber ich halt das für ein unnötiges Risiko. Wenn wir beide verlorengehen, kann niemand aus Whitehorse Hilfe holen. Ich traue der Wildnis hier noch nicht ganz. Es ist also besser, ich schau mir die Gegend erst einmal allein an und bin dabei durch dein Hierbleiben gesichert."

Inge schmollte den Rest des Abends, und ich konnte sie verstehen. Aber ich war ein zu alter Expeditions-Hase, als daß ich ein Risiko eingegangen wäre. Und so blieb ich stur. Am nächsten Morgen schien Inge den harten Brocken geschluckt zu haben. Sie akzeptierte meine Entscheidung, wenn auch unwillig. Gemeinsam bereiteten wir meine Tour vor.

Ich überprüfte den 2,50 Meter langen, hölzernen Transportschlitten für Schlittenhunde, den ich aus Berlin mitgebracht hatte, prüfte die Verbindungsstellen der Kufen, der Quer- und Längsholme und der Stützen auf ihre Stabilität.

Inge packte für mich Verpflegung für gut fünf Tage in kleine Nesselsäckchen. Brot, Käse, Butter, Kekse, Schokolade, Traubenzucker, Trockenobst und Tee. Die Tour sollte nur zwei Tage dauern. Ich wußte aber, daß mich ein unerwarteter Schneesturm eventuell ein paar Tage an einem Platz festhalten konnte, und wollte dafür gerüstet sein. Es wäre Wahnsinn, sich in einem Blizzard weiter vorwärtszukämpfen. Ich wußte, daß man bei einem Schneesturm kaum die Hand vor den Augen sehen konnte, und die Gefahr, trotz Kompasses am Coghlan Lake oder am Lake Laberge vorbeizulaufen, wäre groß. Das könnte den Tod bedeuten. In dem Fall, daß mich ein Schneesturm oder auch nur dickster Nebel überraschte, bliebe mir nichts anderes, als die Hunde im Kreis anzuketten, in der Mitte mein Zelt aufzubauen und abzuwarten. In dem Fall aber müßte ich genügend Futter für die Hunde und Verpflegung für mich auf meinem Schlitten haben.

Das Gepäck, das Inge und ich auf dem Schlitten festzurrten, wog demgemäß gut hundert Kilo. Neben den Nahrungsmitteln und dem Hundefutter gehörten dazu ein Zelt, Schlafsack, Kocher, Brennstoff, Petroleumlampe, Schneeschuhe, Waffe mit Munition, Signalraketen, Taue, Axt, Säge, Reparatur- und Ersatzmaterial. Ich wollte auch für den Fall gerüstet sein, daß ich mit dem Schlitten gegen einen Baum oder Felsen gedrückt würde. Das war ohne weiteres denkbar, da sich die Hunde unter den schwierigen Bedingungen des Tiefschneegeländes nicht zentimetergenau lenken ließen, so daß ich beispielsweise mit dem Schlitten zwischen zwei Bäumen hängenbleiben konnte. In dem Fall, daß dabei der Schlitten zu Schaden käme, wollte ich die Möglichkeit haben, ihn wenigstens halbwegs und notdürftig zu reparieren. Gefahren gab es auf so einer Tour genug. Hungrige Wölfe konnten meinen Weg kreuzen und versuchen, die Schlittenhunde anzufallen. Oder ich konnte mit dem Schlitten in ein nur mit einer dünnen Schneeschicht bedecktes Erdloch stürzen.

Nachdem wir den Schlitten bepackt hatten, setzte ich mich am Abend vor die Landkarte, um sie zu studieren. Ich suchte mir verschiedene Punkte, die sich für kurze Pausen anboten, versuchte aus der Karte herauszulesen, wo es Schwierigkeiten aufgrund von Schräghängen und großen Steigungen geben könnte. Der Kompaß funktionierte, wie eine Überprüfung zeigte. Blieb nur noch, das Hundegeschirr bereitzulegen und sich dann schlafen zu legen, um am nächsten Tag fit zu sein.

Ich startete bei Sonnenaufgang mit dem ersten Licht des Tages. Ein letztes Mal drehte ich mich auf dem Schlitten um und winkte Inge zu, die ihre Gefühle, auf der einen Seite Zorn, daß sie nicht mitdurfte, auf der anderen Sorge um mich, vor mir nicht verbergen konnte. Dann schwang ich knallend die Bullpeitsche durch die Luft, um auch den letzten noch verschlafenen Husky vor dem Schlitten aufzumuntern und auf Fahrt zu schicken.

Die erste halbe Stunde waren die Tiere vor mir kaum zu halten. Einmal das Startzeichen gegeben, einmal *„Go!“* und *„Mush!“*

Die Hunde vor der Abfahrt zum Lake Laberge

gerufen, hatte ich ein Bündel Kraft losgelassen, das in irrsinnigem Tempo auf dem Coghlan Lake Richtung Süden vorwärtsstürmte. Ich stand angespannt hinten auf den Kufen des Schlittens, beruhigte die Hunde mit meiner Stimme. Eisig pfiff der Wind an mir vorbei. Ich hörte das Schnaufen der Hunde, ihren hechelnden Atem. Linker Hand türmten sich riesige Steilfelsen auf, ihre graue Farbe durchbrochen von schneebehangenen Fichten. Rechter Hand erhoben sich sanftgeschwungene Hügel mit Pappeln und Birken.

Allmählich kamen die Hunde von selbst zur Ruhe und schlugen ein gleichmäßiges Tempo ein.

Mein Körper begann sich zu erwärmen. Ich mußte ständig den Schlitten herumdrücken oder herumziehen, ihn auf der Trampelspur der Hunde halten. Ein Abgleiten in den Tiefschnee hätte den Hunden die Arbeit erschwert. Wir hatten das Südende des Coghlan Lake erreicht. Leichtes Hügelgelände schloß sich an, mit einer Vielzahl kleinerer Buckel, die schroff aus dem Erdreich lugten, als hätte sie jemand mit einem großen Hammer von unten hochgeschlagen. Kiefern und Zitterpappeln glitten rechts und links an uns vorbei. Dazwischen dehnten sich weite, flache Ebenen – im Sommer war das Sumpfgebiet.

Nach etwa zwanzig Kilometern erreichte ich die Trapperhütte des Indianers Henry, die in meiner Karte am Südende des Coghlan Lake eingezeichnet war. Ich hatte sie als erste Station für eine Rast ausgewählt. Es war genau der richtige Zeitpunkt. Meinem Körper tat ein wenig Erholung gut, und auch die Hunde hatten sich eine Verschnaufpause verdient. Im Windschutz der Hütte, die sich Dennis und Henry wohl auch als eine Art Notraum errichtet hatten, schlürfte ich den Tee aus der Thermoskanne, die Inge mir fürsorglich gefüllt hatte.

Bis zu Henrys Hütte war mir die Tour wie ein Kinderspiel vorgekommen. Der Rest der Strecke aber forderte von den Hunden und von mir viel Anstrengung. Das hügelige Gelände, dichtes Unterholz und eng stehende Bäume erforderten absoluten Gehorsam der Hunde, wollte ich mit meinem Schlitten unversehrt durch den Wald kommen. Ich folgte der hinter Henrys Hütte deutlich erkennbaren Snow-Scooter-Spur von Dennis und Henry. Das erleichterte mir die Suche nach der einzuhaltenden Richtung. Solange ich der Spur folgen konnte, waren Kompaß und Karte nicht notwendig. *„Hakko!"* – links – rief ich Baro scharf zu. Er mußte sofort auf meinen Ruf reagieren, wenn wir zwei eng beieinander stehende Bäume passierten, durch die ein Snow-Scooter wohl leicht hindurchgekommen war, die aber für meinen Schlitten, der breiter war, zum Problem werden konnten.

Um den Hunden die Last zu erleichtern, stieg ich an steileren Strecken vom Schlitten und lief neben Baro den Berg hoch. „Komm, komm, Baro, lauf", rief ich ihm anfeuernd zu und klatschte in die Hände. Die Hunde atmeten zwar schwer, aber Federn gleich schnellten sie in weichen Sprüngen über den Schnee, der zur Seite stob. Eine enorme Kraft hatten die Jungs.

„Aii! Dekk!" Ich befahl den Hunden, sich hinzusetzen und gönnte ihnen nach Erreichen der Hügelspitze eine Pause. Dann ging es wieder bergab. Ich hatte alle Hände voll zu tun, den Schlitten unter Kontrolle zu halten. Zudem hatte ich die Snow-Scooter-Spur verloren. Sie war wohl durch Schneewehen ein Stück verdeckt gewesen, und ich hatte den Anschluß übersehen. Ich überließ es dem Instinkt der Hunde, den leichtesten Weg zu suchen, und hoffte, daß wir so automatisch wieder auf die Spur treffen würden. Ich drückte und zog den Schlitten während der Fahrt in die Spur der Hunde, achtete darauf, daß die Zugseile, die direkte Verbindung zu den Tieren, nicht durchhingen und dadurch der Kontakt verlorenging. Das Gelände war steil abfallend. Ich stand mit schleifenden Absätzen hinten auf dem Schlitten, zog mit meinem ganzen Körpergewicht die Bremse, damit der Schlitten die Hunde vor mir nicht überrollte.

Einer Rechtskurve folgte eine Linkskurve, in der ich durch die rasende Geschwindigkeit den Schlitten nur mit Mühe herumdrücken konnte.

„Halt, halt, nicht so schnell, ihr Wahnsinnigen da vorne!" rief ich den Tieren zu und fühlte mich doch glücklich und frei in diesem Moment. Der Schlitten schoß wieder geradeaus vorwärts. Sekunden später rutschte er nach rechts ab und sauste auf eine kleine Tanne zu. Im nächsten Moment schon wurde sie von meinem Gefährt umgerissen und niedergepreßt, peitschte hinter dem Schlitten heraus, schlug mich fast nieder, während mein Gefährt auf eine Pappel zuraste. Alles geschah so schnell, daß ich kaum Zeit hatte, mit Angstschweiß zu reagieren.

„*Hakko!*" – links – rief ich den Hunden verzweifelt zu, in der Hoffnung, daß sie so den Schlitten noch rechtzeitig auf den Hang hochziehen könnten. Ich versuchte ihn nach oben zu drücken. Es gelang nicht. Es krachte. Schnee und Holz spritzten nach allen Seiten.

Wutschnaubend saß ich, die Kleidung voller Schnee, neben meinem Schlitten, der mit eingedrücktem Frontteil an der Pappel klebte. Die Hunde drehten sich fragend um, setzten sich dann scheinbar teilnahmslos in den Schnee und warteten, ob ich nun einen Tobsuchtsanfall bekäme oder mich wieder beruhigte.

Ich beschloß, mich zu beruhigen. Das Malheur wäre noch größer geworden, wenn ich in dieser Situation auf die Hunde eingeschrien hätte. Es hätte ihre Moral, ihre Lust am Weiterlaufen zerstören können, und unwillige Hunde konnte ich mir nicht leisten. Ich prüfte den Schlitten. Es sah schlimmer aus, als es war. Der Rundbogen war zertrümmert, aber schließlich lag seine Funktion auch darin, „Stoßstange" für den Hauptteil des Schlittens zu spielen. Ich hatte noch Glück gehabt. Wäre der Schlitten tiefer aufgerissen, hätte ich den größten Teil des Gepäcks abladen und die ganze Strecke mit Schneeschuhen neben den Hunden laufen müssen. Das Fahren mit dem Schlitten war zwar noch möglich, aber die Pufferzone, der Rundbogen, fehlte nun. Einen weiteren Zusammenstoß konnte ich mir also nicht erlauben.

Ich überlegte. Zurück zu meiner Blockhütte waren es etwa dreißig Kilometer. Bis zu Dennis mochten es noch fünfundvierzig Kilometer sein. Ich beschloß, das Risiko auf mich zu nehmen und mich trotz defekten Schlittens an die längere Strecke zu Dennis zu wagen. Vorsichtig setzte ich den Schlitten wieder auf die Hundespur, stieg hinten auf und trieb die Huskies an, die sich ruhig und gelassen in Bewegung setzten.

Nach gut einem Kilometer stießen wir wieder auf die Snow-Scooter-Spur. Sie führte durch ein kleines Wäldchen auf eine Senke zu. Mittendrin, direkt auf meinem Weg, saßen sie: zwanzig bis dreißig Wölfe. Genau das hatte ich mir in meiner Situation noch gewünscht.

Ich stoppte den Schlitten, band ihn an einer Tanne fest, befahl den Hunden, sich hinzusetzen, und beobachtete durch meinen Feldstecher das Rudel. Würdevoll saßen die alten Tiere im Kreis um die Jungwölfe. Der Leitwolf ließ mich nicht aus den Augen. Ich wartete zwanzig Minuten. Dann versuchte ich durch Schüsse in die Luft, die Tiere dazu zu bewegen, sich von dannen zu machen. Ich wollte nicht unbedingt dicht an ihnen vorbeifahren, aber auch keinen großen Bogen um sie – und von der Scooter-Spur weg – machen. Etwa eine Stunde mußte ich warten. Dann erst trotteten die Wölfe, sich ihrer Überzahl und Kraft wohl bewußt, fast provokativ gemächlich in den Wald und gaben den Weg frei, ohne mich noch eines Blickes zu würdigen.

In einem kleinen Wäldchen mit dünnen Fichten verlor ich erneut die Scooter-Spur. Mittels Kompaß und Karte ermittelte ich die grobe Richtung, in der Dennis' Hütte liegen mußte, in Detailfragen überließ ich wieder den Hunden die Entscheidung und vertraute ganz auf ihren Instinkt.

Stunden später erreichte ich den Lake Laberge. Von Dennis' Hütte keine Spur. Nach meiner Karte hätte sie am linken Ufer des Sees deutlich erkennbar liegen müssen, doch ich sah nichts als Bäume. Ich lenkte die Hunde direkt auf den zugefrorenen See, um ein möglichst weites Blickfeld zu haben, dann schlug ich einen großen Bogen um den Abfluß des Sees zum Yukon River. Von meinen Hundeschlitten-Expeditionen wußte ich, daß an Flußaus- und Eintrittsstellen das Seewasser meist nur oberflächlich zufriert, man also vorsichtig sein muß. In der Mitte des Lake Laberge stieß ich glücklicherweise wieder auf die Snow-Scooter-Spur, der ich instinktiv nach links folgte. Endlos schien der Weg über die Weite der flachen Eisfläche. Die Sonne verschwand schon hinter dem Horizont. Schließlich gelangte ich ans Ufer, von wo aus ein schmaler Weg in den Wald führte. Es war schon dunkel, als ich eine kleine Lichtung erreichte. Vor mir sah ich Licht: Dennis' Hütte.

Langsam fuhr ich auf sie zu. Gut hundert Meter davor ließ ich die Hunde anhalten, die sich sogleich erschöpft in den Schnee setzten.

Ein friedliches Bild: Gegen das Dunkel des Waldes hob sich warm das Licht ab, das durch das Fenster der Hütte nach außen drang. Über mir klarer Sternenhimmel. Ein Himmel, wie wir Europäer ihn nur noch im Planetarium zu sehen bekommen. Millionen blitzende Funken leuchteten am Firmament, über das sich die Milchstraße spannt.

Im Umgang mit den Menschen in der Wildnis erfahren, blieb ich in gebührendem Abstand vor der Hütte sitzen und wartete. Besuche sind hier selten, und nicht jeder Besucher kommt in freundlicher Gesinnung. Einen Fremden beäugt man in der Wildnis zuerst einmal mit Mißtrauen und begrüßt ihn meist mit dem Gewehr. Erst wenn der Besucher eindeutig erkannt ist, entspannt sich die Situation. Ich wartete, bis Dennis mich erkennen würde.

Nach einer halben Stunde schob jemand in der Hütte die Gardine zur Seite. Für einen kurzen Moment zeigte sich ein Gesicht. Die Gardine wurde wieder zugezogen. Ruhig und friedlich lag die Hütte da. Nichts regte sich. Ich saß auf meinem Schlitten, gab den Hunden eine Portion Futter, trank einen letzten Schluck aus meiner Thermoskanne und wartete weiter.

Nach einer weiteren Viertelstunde öffnete sich die Tür. Dennis trat auf die Veranda. 1,80 Meter groß, 100 Kilo schwer, dunkelbraune Augen, gepflegter Haarschnitt, bekleidet mit Jeans, Baumwollhemd und Moonboots.

„Hallo! Wie geht's?" fragte er mich trocken. „Willst du nicht endlich hereinkommen?"

Ich strahlte, ging auf ihn zu und begrüßte ihn mit einem kräftigen Handschlag. Dennis zog sich einen dicken Parka über und stapfte mit mir zu meinem Schlitten zurück.

„Wie viele Hunde hast du?"

„Sieben."

„Bring sie hierher zum *stake-out.*" *Stake-outs* waren kurze Ketten, die an einer langen befestigt waren. „Nachts könnten Wölfe kommen, und durch den Lichtstrahl aus dem Fenster können wir sie dort gut überwachen."

Dennis kam gleich zur Sache. Wir klinkten die Hunde an die Ketten, versorgten sie noch einmal mit Futter und traten in die Blockhütte.

„Hast du diese Hütte selbst gebaut?"

„Nein, nein. Die ist über hundert Jahre alt. Wer sie gebaut hat, weiß hier niemand mehr. Sie gehört dem Staat und wird seit Jahrzehnten von Kanufahrern, Trappern oder durch die Wildnis wandernden Touristen als Schutzhütte benutzt. Dementsprechend sieht sie während des Sommers auch aus: total verschmutzt. Kein Mensch räumt hier seinen Dreck weg, wenn er die Hütte verläßt. Wenn ich im Winter hierherkomme, muß ich immer erst gewaltig aufräumen."

„Im Winter bist du hier ganz allein?"

„Na, Touristen machen sich bei den Temperaturen kaum in die Wildnis auf. Und ich habe für die Wintermonate einen Pachtvertrag, daß ich die Hütte als Basis benutzen kann."

Dennis drückte mir einen Becher Kaffee in die Hand und forderte mich auf, es mir bequem zu machen. Ich ließ meinen Blick durch den Hauptraum der Hütte schweifen. Auf der linken Seite war eine Schlafnische für zwei Personen abgetrennt, rechts die Küche mit Ofen, Anrichte, Spülbecken und kleinem Vorratsschrank. Von dort ging eine weitere Tür ab.

„Hast du zwei Räume hier?"

„Ja. Das da hinten ist mein Lagerraum. Komm, ich zeig ihn dir."

Dennis hatte in diesem Raum Tierkadaver und Felle gelagert. Ich betastete die Felle. Biber, Bisamratten, Eichhörnchen, Luchse,

Wölfe, Kojoten, Marder und Dachse waren ihm in die Falle gegangen.

„Die hast du alle selbst gefangen?"

„Klar. Ich habe das gesamte Gebiet von hier bis zum Südende des Coghlan Lake mit Fallen belegt. Du hast ja sicher meine Snow-Scooter-Spur gesehen. Das ist praktisch meine Fallen-Route. Ich habe ‚Schwanenhälse' draußen und Trittfallen. Kennst du sicher. Metallzangen mit einem Fleischköder in der Mitte. Ich weiß nicht, wie ihr das macht. Mein Stamm bedeckt die Fallen nach alter Tradition mit Holz und Reisig, so daß darüber eine Art Zelt mit Eingang entsteht."

„Wieso machst du das?"

„Dadurch ist gewährleistet, daß das Tier genau von der richtigen Seite und nur mit der Pfote nach dem Köder greift. Die Falle schlägt zu und hält die Pfote fest."

„Und dann?"

„Was, und dann? Hast keine Ahnung von dem Geschäft, was? Ich fahre meine Route regelmäßig ab. Wenn in der Falle ein Tier ist, erwürg ich es mit einem Strick."

„Ist nicht dein Ernst, Dennis. Du erdrosselst die Tiere? Warum erschießt du sie nicht? Das geht doch viel schneller."

„Mann, ich muß rechnen. Erstens kostet jede Patrone Geld, und zweitens versaut das Blut das Fell. Schau, wenn ich im Frühjahr die Felle in der Stadt verkaufe, dann erhalte ich dafür nur den staatlich festgelegten Preis für dieses Jahr. Es ist selten, daß mir ein Tourist über den Weg läuft und übermäßig viel Geld hinlegt. Die staatlich festgelegten Preise sind nicht besonders hoch. Also muß ich mit jedem Schuß und jedem Fell rechnen."

Es klang sehr brutal, was Dennis, einer der besten Fallensteller von Whitehorse, da erzählte. Ich wußte, daß Dennis ein Athapasken-Indianer war, ein nun schon recht alter Mann mit einem weisen Lächeln. Trotz seiner harten Worte war ich sicher, daß er den Tieren sowenig Qual wie möglich bereitete.

Was seine Herkunft und seinen Stamm betraf, war aus Dennis wenig herauszuholen. Immerhin erfuhr ich von ihm, daß die Athapasken in frühester Zeit vor allem in Alaska ansässig gewesen waren und von der Jagd und dem Fischfang gelebt hatten. Von dort spalteten sich dann Gruppen ab und zogen nach Süden.

„Die Vorfahren der Navajo-Indianer und der Apachen", meinte Dennis stolz. Seine Augen leuchteten, als er mir von der besonderen Kunst seines Stammes erzählte, aus Birkenrinde Behälter, Tipis und Kanus herzustellen.

„Es erfordert Geschick, die Innenseite der Rinde nach außen zu kehren und dann das Material zu verzieren, indem man den roten Bast abschabt und die weiße Schicht freilegt. Versuch das einmal. Das ist nicht einfach. Mit Farbe wurden dann geometrische Muster aufgetragen, übrigens auch auf hölzerne Paddel, Ledermokassins oder andere Gebrauchsgegenstände. Damit wollte man diese über das rein Zweckmäßige hinausheben."

„Haben die Athapasken nicht auch Stachelschweinborsten zur Verzierung benutzt?"

„Ja, eine sehr schöne Sache. Die Borsten wurden eingeweicht, gepreßt und mit Farbstoffen aus Beeren und Pilzen gefärbt. Damit hat man dann Leder und Birkenrinde verziert."

Dennis legte frisches Holz nach. Es war gemütlich warm, im Ofen knackte es beruhigend. Der Alte stellte Brot und Butter auf den Tisch und ließ einen riesigen nicht zu identifizierenden Fleischklumpen auf meinen Teller plumpsen.

„Sehr gut", sagte ich, nachdem ich davon probiert hatte, und wunderte mich über sein Grinsen.

„Sie schmeckt dir also, die Katze?"

„Wieso Katze?"

„Das ist ein Luchs, der mir gestern in die Falle gegangen ist."

Mein Gesicht verzerrte sich, und ich spürte ein Würgen im Hals. Eine Katze! Mein Appetit verschwand schlagartig. Europäische Essensgewohnheiten kannten keine Katzen auf der Speisekarte.

Ich erinnerte mich an ein Buch eines Abenteurers, das ich vor einigen Jahren gelesen hatte. Darin beschrieb der Autor, wie er ausgehungert eine überfahrene Katze von der Straße gekratzt und verspeist hatte. Schon damals war mir bei dieser Vorstellung übel geworden. Eine Katze! Andererseits hatte ich auf meinen Expeditionen schon die seltsamsten Fleischsorten gegessen. Warum also nicht einmal Luchs?

Für Dennis selbst war der Verzehr eines Luchses eine Selbstverständlichkeit. Er aß, was in seine Fallen kam. So starben seine Beutetiere nicht nur, um als Fell und Pelz verkauft zu werden. Sie waren ihm gleichzeitig Nahrung und bereicherten seinen Speisezettel.

„Die restlichen Kadaverteile liegen draußen im Schnee, tiefgefroren. Wenn du willst, kannst du sie morgen für deine Hunde mitnehmen."

„Warum hast du eigentlich keine Hunde mehr?"

Ich wußte von Joe, daß Dennis in früheren Jahren ein begeisterter und stolzer Züchter und Halter von „Indian dogs", einer Mischung zwischen Malamute und Husky, gewesen war. Diese kurzbeinigen Hunde hatte er – wie fast alle kanadischen Indianer – nicht vor einen zweikufigen Schlitten, sondern vor einen Toboggan gespannt. Dieses traditionelle indianische Gleitbrett lag – praktisch kufenlos – mit der gesamten Fläche auf und war an der Vorderfront hochgebogen.

„Zu teuer", antwortete Dennis auf meine Frage. „Die Hunde kommen mich teurer als mein *ski-do,* mein Snow-Scooter."

„Verrechnest du dich da nicht? Der Kaufpreis deines Snow-Scooters liegt doch mindestens bei fünftausend Dollar. Und Benzin mußt du auch kaufen. Wäre es nicht billiger, weiter selbst Hunde zu züchten? Du hast doch genug Beutetiere, die du auch an die Hunde verfüttern kannst. Das kostet dich doch nichts."

„Nein, die Hunde kommen mich zu teuer." Dennis wich meinen Fragen irgendwie aus. Ich hatte das Gefühl, daß er mit seiner

Entscheidung, die Hunde aufzugeben, selbst immer noch nicht im reinen war, obwohl sie nun schon Jahre zurücklag.

„Außerdem, sag mir, was ich mit Hunden während der Sommermonate machen sollte? Du weißt, ich arbeite dann bei der Stadtverwaltung. Ich kann mich in der Zeit nicht um sie kümmern. Nein, das ist schon richtig. Ich fahre ohne Hunde besser."

Ich konnte ihm nicht zustimmen, ließ aber das Thema, das ihm offensichtlich nicht paßte, wieder fallen.

Am nächsten Morgen packte mir Dennis wie versprochen die Reste des Luchses auf den Schlitten. Ich versprach ihm, daß er bei seinem nächsten Besuch am Coghlan Lake dafür frische Hühnereier und echtes Sauerteigbrot erhalten sollte. Ich sah ein freudiges Lächeln über sein Gesicht huschen. Er hatte Inges selbstgebackenes Brot bereits einmal kosten dürfen, und es hatte offensichtlich den allerbesten Eindruck hinterlassen.

Der Abschied war unsentimental. Dennis klopfte mir auf die Schulter, drückte mir eine Tafel Schokolade in die Hand, winkte mir noch einmal kurz zu und verschwand wieder in seiner Hütte.

Ich fuhr ohne Komplikationen die nun bekannte Strecke zurück. Die Hunde waren entspannt, doch nicht übermütig. Ich ließ sie in langsamem Tempo vorwärtstraben, schob wie auf einem Roller mit einem Fuß nach, um den Tieren das Ziehen des Schlittens so leicht wie möglich zu machen.

Hin und wieder legte ich eine Pause ein. Mein Blick ging über das seichte Hügelgelände. Die Landschaft erinnerte an eine Märchenkulisse. Die schneebedeckten Flechten an den Bäumen wirkten wie die langen Bärte alter Männer. Schwer drückte der Schnee auf die Äste. Ich war fasziniert und gefangen von der Ruhe und Stille, die mich umgab und die allein vom hechelnden Atmen meiner Hunde unterbrochen wurde.

Ich hatte zu viele Pausen eingelegt. Es wurde langsam dunkel, und ich hatte meine Hütte, in der Inge wartete, noch nicht erreicht. Der Himmel war von schweren, dunklen Wolken bedeckt, die das Licht des zunehmenden Mondes nicht durchließen. Ich befand mich irgendwo auf dem Südende des Coghlan Lake. Die Spur hatte ich schon im Wald verloren, und ich überließ es wieder einmal den Hunden, ihre eigene Fährte vom Vortage zu finden und ihr zu folgen. Der Himmel weiß warum, aber wir stießen nicht auf die Spur. Ich wurde unruhig, bildete mir ein, daß das Gespann auf dem 45 Kilometer langen See im Kreis fahren würde. Angst packte mich allmählich, ich verlor die Orientierung – und die innere Sicherheit. War ich etwa an meiner Hütte vorbeigefahren, ohne es zu merken? Nichts war mehr zu erkennen als blaugrauer Schnee und dunkle Bäume. Nach einer guten Stunde erblickte ich zu meiner Erleichterung in der Ferne ein kleines flackerndes Licht.

„Donnerwetter, auf die Entfernung ist die Petroleumlampe vor der Haustür aber gut zu erkennen. Also los, Jungs, dann lauft mal drauf zu!" Erleichtert schnalzte ich mit der Zunge.

Wir erreichten die Lichtquelle nicht, wie ich gedacht hatte, nach fünf Minuten, sondern erst nach einer halben Stunde. Es war auch nicht die Petroleumlampe, die da brannte, sondern ein riesiges Feuer. Inge hatte fürsorglich bereits am Nachmittag einen Scheiterhaufen aufgeschichtet und ihn bei Einbruch der Dunkelheit angezündet.

Völlig erschöpft, aber glücklich stoppte ich den Schlitten vor meiner Hütte. Zu Hause!

Unterm Schlafsack schmilzt der Schnee

Inge war froh, daß ich wieder da war, ihren Groll aber, daß ich sie nicht mitgenommen hatte, trug sie immer noch mit sich herum. Sie drängte darauf, sobald wie möglich gemeinsam eine Tour zu unternehmen.

In der darauffolgenden Nacht beschlossen wir, mit dem Hundeschlitten das Gebiet nördlich der Hütte zwischen dem Coghlan Lake und dem Frank Lake zu erforschen. Eine Zwei-Tages-Tour, bei der wir am ersten Tag so weit fahren wollten, wie es uns in den Sinn kam, und am nächsten Tag zur Hütte zurückkehren wollten. Übernachten mußten wir in meinem Zelt irgendwo im Freien.

Die nächsten Tage bereiteten wir alles für die Fahrt vor. Auf der Karte legten wir die ungefähre Route fest. Inge kümmerte sich um die Verpflegung, die aus Sicherheitsgründen wieder für mindestens vier Tage reichen sollte.

„Ich habe Kekse gebacken, probier mal!"

„Nicht schlecht – steinhart."

„Mistkerl. Ich packe zwei Laib Brot, getrocknetes Obst, Müsli, Tee, Zucker, Nüsse, Salami, Erbsensuppe, Schokolade ein. Müßte für uns ausreichen. Was glaubst du?"

„Ja, das reicht gut. Steck wieder alles in Nesselsäckchen."

„Gut. Hol du dafür die Wäsche rein, damit sie bis morgen trocken ist."

Wir hatten unsere Wäsche wie immer erst vor der Hütte zum Trocknen aufgehängt. Dort gefror sie zwar schnell und wurde steif wie ein Brett, aber bevor es soweit war, hatte doch schon eine Menge Wasser abtropfen können. Dann erst brachten wir die „Bretter" zum Trocknen in die Hütte.

Gemeinsam packten wir den Hundeschlitten: Verpflegung für uns und für die Hunde, Zelt, Kocher, alles, was ich auch auf meiner ersten Tour mitgenommen hatte. Insgesamt hatten die Hunde ein Stück mehr Last zu tragen, da sie nun Verpflegung für eine weitere Person und deren Kleidungsstücke und Schlafsack zu ziehen hatten.

Mit dem ersten Licht brachen wir auf, über den Coghlan Lake in Richtung Norden. Um den Hunden die Arbeit zu erleichtern, stand nur jeweils einer von uns hinten auf dem Schlitten, während der andere mit seinen Schneeschuhen vorneweg lief, und so den

Auf dem Weg zum Frank Creek

Huskies eine Spur trampelte. Eine mühselige Arbeit, die die Beinmuskeln ermüdete. Wir wechselten uns dabei ständig ab.

Am Ende des Sees stießen wir auf den Frank Creek, einen an dieser Stelle sehr schmalen Fluß. Durch die in Eis erstarrte Oberfläche des Flusses lugten vom Frost gefangengehaltene hohe Gräser, die in der Sonne glitzerten. Nur ein kurzes Stück, und der Fluß weitete sich, wurde unterbrochen von bis zu dreißig Meter breiten Biberseen. Wir umfuhren die Biberdämme, die wie Wälle in der Landschaft standen. Das Flußbett schlängelte sich zwischen Weiden hindurch. Links erhob sich eine kahle, felsige Hügelkette.

Wir legten immer wieder kurze Verschnaufpausen ein, ließen die Hunde ausruhen und tranken, gemütlich auf dem Gepäck des Schlittens sitzend, heißen Tee. Faszinierend der Gegensatz zwischen der irrsinnigen Kälte, die uns zwang, als dick vermummte, kaum zu identifizierende Gestalten herumzulaufen, und den klaren Sonnenstrahlen, die sanft, fast in warmem Gold vom stahlblauen Himmel heruntersanken.

Bei Anbruch der Dunkelheit begannen wir auf einer freien, baumlosen Schneefläche unser Lager aufzubauen. Wir schirrten die Hunde aus, legten sie an die Kette und trampelten an der Stelle, an der wir unser Zelt aufbauen wollten, den Schnee platt. Nach einer Viertelstunde war die Fläche soweit vorbereitet, daß wir das Zelt auspacken und mit dem Aufbau beginnen konnten.

„Verdammt, ich krieg die Heringe nicht in den Boden."

„Laß mich mal – klar, daß es nicht leicht ist, sie in den gefrorenen Boden zu schlagen."

Doch auch ich scheiterte. Mir ging ein Licht auf – der vermeintliche Erdboden war die gefrorene Oberfläche des Flusses. Unmöglich, hier das Zelt sicher zu verankern. Also alles wieder eingepackt, die Hunde wieder angeschirrt und weiter.

Inge war unzufrieden.

„Warum hast du das nicht vorher überprüft? So ein Mist. Mir ist kalt, und ich habe Hunger."

Schon fünfhundert Meter weiter, ein Stück den Hang hoch, versuchten wir erneut unser Glück. Aber auch hier war der Erdboden so unglaublich hart, daß es uns nicht gelang, ihn durchzustoßen. Kleine Fichten brachten uns auf die rettende Idee. Wir schirrten erneut die Hunde aus, ketteten sie zwischen zwei kräftigen Bäumen an und traten den Schnee für die Zeltfläche platt. Eine Stunde später war das Zelt aufgebaut und mit Schnüren an den Fichten verankert.

Die Dunkelheit der frühen Nacht war schon hereingebrochen. Während ich die Hunde fütterte und den Schlitten, den ich nach meiner Tour zu Dennis repariert hatte, überprüfte, kümmerte sich Inge im Inneren des Zeltes darum, uns ein möglichst bequemes Nachtlager zu bereiten. Als sie fertig war, kam sie heraus und blickte in den Nachthimmel.

„Sieh dir den Sternenhimmel an. Ist er nicht unbeschreiblich schön? Ich finde, er sieht aus wie ein dichtgewebter Funkenteppich."

Inge und ich schauten eine Weile wie gebannt zum Firmament hinauf. Die Nacht war wirklich zauberhaft schön: über uns der weite, sternenübersäte Himmel, um uns herum die vom Mond in Silber getauchte Schneelandschaft. Doch nach einer Weile spürten wir die Kälte.

„Gehen wir ins Zelt", sagte Inge. „Drinnen ist es mollig warm. Ich habe den Kocher angeschmissen, die Erbsensuppe ist gleich fertig." Die Wirklichkeit hatte uns wieder.

„Ich komme", sagte ich, warf noch einen letzten prüfenden Blick auf die Hunde und den Schlitten und trat in das Zelt, in dem mich angenehme Wärme empfing. Der Kocher hatte das Zelt gut aufgeheizt. Das Lager war perfekt. Ich rieb mir die Hände.

„So, alles erledigt. Nun können wir zum gemütlichen Teil des Tages übergehen."

„Ich fand es schön heute. Wir hatten tolles Wetter, und Probleme gab es auch keine. Ich merke, es tut mir auch einmal gut, aus dem begrenzten Raum der Hütte und dem bißchen Gelände drum herum herauszukommen. Denkst du jetzt nicht auch, daß ich auch zu Dennis schon hätte mitkommen können?"

„Fang jetzt bloß diese Diskussion nicht wieder an! Meine Entscheidung war schon richtig. Genieß lieber diese Fahrt hier."

Wir fühlten uns satt und behaglich nach einer heißen Suppe und einem Tee. Die Nacht konnte kommen. Wir rollten uns in unsere Schlafsäcke und freuten uns auf einen erholsamen Schlaf.

Er war uns nicht vergönnt. Nach einiger Zeit begannen Angakoq und Arnaq vor dem Zelt fürchterlich zu jaulen und zu heulen. Ich schaute nach draußen, um zu sehen, was die Ursache für ihr ungewöhnliches Verhalten war. Eisige Luft drang in das Zelt. Auch Inge war wach geworden.

„Was ist los?"

„Ich denke, gegen das Geheul können wir nichts machen. Wir wollten doch weitere Junghunde. Und Arnaq ist läufig. Da werden wir es schon akzeptieren müssen, wenn die beiden sich nicht schweigend miteinander vergnügen."

„Aber das wird doch wohl nicht die ganze Nacht so weitergehen?"

„Wenn wir Pech haben, schon. Ich kenne Angakoq. Der ist unersättlich."

„Dann heiz mit dem Kocher wenigstens noch einmal kurz das Zelt auf. Es ist lausig kalt."

Wir begannen, uns an die Geräuschkulisse zu gewöhnen und dämmerten erneut dem Schlaf entgegen. Nicht lange. Mein Körper begann zu rutschen, kippte nach links ab. Ich veränderte meine Lage. Erfolglos. Nach einer Weile begann mein Körper wieder zu verrutschen.

Neben mir brummelte Inge. „Das macht mich allmählich nervös, dieses Hin- und Hergerutsche. Ich hab das Gefühl, die Iso-Matten schwimmen. Ich gleite mal nach links, mal nach rechts ab, vollkommen unkontrolliert. Was ist denn das?"

„Ich glaube, unter uns taut der Schnee. Durch den Druck unseres Körpers und die Wärme, die halt doch durch die Isoliermatten zum Boden hin durchdringt."

„Na herrlich! Und was kann man dagegen unternehmen?"

„Man könnte Tannenreisig unters Zelt legen."

„Eine großartige Idee! Warum hattest du die nicht, bevor wir das Zelt aufgebaut haben!" Inges Laune näherte sich den Temperaturen, die drinnen und draußen herrschten.

„Außerdem ist mir kalt. Ich friere wie ein Schneider."

„Ein Zelt ist eben keine Hütte, meine Liebe. Du solltest dich also nicht wundern, wenn es hier so ungemütlich ist."

„Ist doch egal, ob es mich wundert oder nicht. Mir ist jedenfalls verdammt kalt. Kannst du nicht den Kocher noch einmal anmachen?"

„Kann ich schon, aber irgendwann ist das Petroleum verbraucht. Und du willst doch sicher morgen früh einen heißen Tee."

Wir froren also weiter. Auf die Idee, die Schlafsäcke zu koppeln und uns gegenseitig zu wärmen, kamen wir nicht. Dabei wären zwei aneinandergedrängte Körper ein wesentlich größerer Heizkörper und Wärmespeicher gewesen. Statt dessen fror jeder allein in seinem Schlafsack vor sich hin. Das Gejaule der Hunde, das Hin- und Herrutschen unserer Körper, die Kälte – wir taten kein Auge zu in dieser Nacht.

Am nächsten Morgen steckte ich als erster meine kalte Nase aus dem Schlafsack.

„Bleib noch liegen. Ich kümmere mich um den Kocher und heize das Zelt auf."

Inge antwortete nur mit einem Brummen. Ich versuchte mich am Kocher, fingerte mit eiskalten Fingern an ihm herum, fluchend, daß er nicht schneller ansprang. Dann endlich nahm er die Flamme an. Im Zelt wurde es wärmer. Ich zog mich wieder in meinen Schlafsack zurück, um mich noch ein wenig zu entspannen. Aber auch dies war mir nicht vergönnt.

„Das darf doch nicht wahr sein! Jetzt fängt das Ding auch noch an, wie verrückt zu rußen."

Inge antwortete wieder nur mit einem Brummen, rührte sich nicht. Ein fürchterlicher Gestank durchzog das Zelt, das sich langsam schwarz färbte vom Ruß.

„Inge, kannst du dich vielleicht jetzt auch einmal bewegen?" Ich riß den Eingang auf. Eiskalte Luft strömte herein.

„Brrr, laß das Zelt zu! Das ist ja unerträglich." Inge wurde langsam munter, lugte mit zerknautschtem, unausgeschlafenem Gesicht aus dem Schlafsack.

„Du willst wohl lieber ersticken, was?" Ich fummelte ratlos am Kocher herum. „Dieses verflixte Ding. – Aber gleich werd ich's haben."

Dieser Satz war eine krasse Fehleinschätzung der Situation.

„Ich werd's gleich haben ...", spottete Inge, als drei Minuten später der Kocher endgültig seinen Geist aufgab. Das bedeutete: keine Wärme, keinen heißen Tee, kein warmes Frühstück.

Müde und unausgeschlafen, wie wir waren, fehlte uns der Ärger mit dem Kocher gerade noch. Mißmutig zogen wir uns unsere drei Lagen Kleidung an, bauten das Zelt ab, luden das Gepäck auf den Schlitten und spannten die Hunde an.

„Na, denn los, Mädchen. So schnell wie möglich zur warmen Hütte!" Meine Aufmunterung verfehlte ihren Zweck. Inge lächelte nur verkniffen.

Nach drei Stunden sank Inges Leistungsfähigkeit rapide ab, und auch ich spürte, wie meine Kräfte nachließen. Die schlaflose, unruhige Nacht, das Fehlen eines wärmenden, aufbauenden Tees machten sich bemerkbar. Für Inge wurde das Laufen mit den Schneeschuhen zur mühsamen Plackerei. Der erforderliche Watschelgang, durch den verhindert wird, daß sich der Schneeschuhläufer mit den Innenkanten auf die eigenen Schuhe tritt, verursachte bei ihr Schmerzen in den Hüften. Sie bekam kaum mehr die Füße hoch. Die je dreihundert Gramm schweren Schuhe zehrten an ihren Kräften. Ohne diese Schuhe wäre sie aber stellenweise bis zu den Hüften im Schnee versunken. Mit ihnen waren es nur etwa zehn bis fünfzehn Zentimeter, doch auch das war schon zuviel in dieser Situation, zumal bei jedem Schritt auch Schnee auf die Schuhe fiel, der beim Anheben des Beines mitgetragen werden mußte. Schräges Gelände, Schneewehen, jedes kleine Hindernis schien an Inges Nerven zu reißen. Schließlich ließ sie sich erschöpft in den Schnee sinken und weinte sich ihre ganze Wut und Verzweiflung vom Herzen.

„Ich kann nicht mehr. Ich kann keinen einzigen Schritt mehr machen. Ich bleibe hier. Ich rühr mich nicht fort von hier. Fahr allein weiter."

Ich nahm Inge in den Arm, mußte fast lachen, wie sie da wie ein Häufchen Elend im Schnee saß.

„Komm, Inge, du kannst noch. Denk an unsere Hütte, da willst du doch hin. Komm, lauf!"

„Ich kann nicht mehr! Ich kann nicht laufen, ich kann nicht einmal mehr stehen. ich will einfach nicht mehr!" Tränen tropften in den Schnee. Ich sah keine andre Möglichkeit, als sie wie ein Gepäckstück auf den Schlitten zu packen und von den Hunden ziehen zu lassen, bis sie sich wieder etwas erholt hatte.

Für die Hunde ein gutes Stück mehr Arbeit. Um sie anzufeuern und psychisch zu unterstützen, lief ich vorneweg – knapp vor Baro – und zeigte ihm, daß ich dasselbe konnte wie er. Das muß man seinen Hunden grundsätzlich von Zeit zu Zeit klarmachen, um ihre Moral und ihren Kampfgeist zu stärken und sich gleichzeitig weiteren Respekt zu verschaffen. In diesem Moment schien mir mein extremer körperlicher Einsatz besonders wichtig. Hätte sich unser Mißmut und unsere Erschöpfung auf die Tiere übertragen, hätten sie mit Ungehorsam oder gar Streik reagieren können. Ich hatte schon gehört, daß sich Schlittenhunde in solchen Fällen nicht mehr vorwärtsbewegt und einfach stehengeblieben waren.

Sobald Inge wieder etwas Kraft gesammelt und ihren seelischen

Tiefpunkt überwunden hatte, stieg sie vom Schlitten, um den Hunden das Ziehen zu erleichtern. Fluchend und schimpfend kämpften wir uns durch den Schnee vorwärts und erreichten nach fünf schier endlosen Stunden schließlich unsere Hütte.

Wir schirrten die Hunde aus und versorgten sie, tranken selbst einen heißen Tee, und dann sanken wir – zu erschöpft, um noch etwas zu essen – ins Bett. Wir waren um einige Erfahrungen reicher. Bei unserer nächsten Tour würden wir vor allen Dingen auch den Kocher vor der Abfahrt überprüfen.

Auf zu neuen Taten

Frühlingserwachen

Zwei Wochen später ließ ich Inge wieder allein in der Wildnis zurück, da ich in Berlin unaufschiebbaren beruflichen Verpflichtungen nachzukommen hatte. Ich verließ sie mit einem guten Gefühl, denn ich wußte nun, daß sie gelernt hatte, mit dem Leben in diesem rauhen Land fertig zu werden. Außerdem sollte eine Woche später Dirk, ein Bekannter, zum Coghlan Lake kommen. Dirk wollte mir im Frühjahr beim Bauen helfen und davor am Coghlan Lake ein wenig „Urlaub" machen.

Als ich im April zu meinem Land zurückkehrte, war ich nicht allein. Ich brachte wieder eine Gruppe junger Landsleute mit, die bei mir den Umgang mit Holz und das Bauen einer Blockhütte erlernen wollten: Uwe, Sabine, Christiane und Alex. Ausgeladen aus dem Flugzeug wurden außerdem – zu Inges Freude – fünf Kaninchen und ein neues Funkgerät. Ich hoffte, mit dem 100-Watt-Gerät „SBX 100" das leidige Problem, oftmals über Tage abgeschnitten zu sein, etwas reduzieren zu können.

Die Schneeschmelze hatte bereits eingesetzt, es herrschten wesentlich angenehmere Temperaturen als noch einen Monat zuvor. Hier und da zeigten sich schon grüne Triebe. Moos, Gräser, Küchenschellen, wilde Rosen – alle schienen sich zu rekeln und zu strecken, sich auf die Zeit des Erwachens vorzubereiten.

Ich hatte kaum den Fuß auf mein Land gesetzt, da bestürmte Inge mich, ob ich auch alle Pflanzensamen besorgt hätte, die sie mir auf einer Liste aufgeschrieben hatte. Sie konnte es kaum erwarten, endlich einen Garten anzulegen, und riß in ihrer Begeisterung schließlich die ganze Gruppe mit.

Nur zwei Tage später saßen wir daher am Abend über ein Blatt Papier gebeugt und planten einen Garten in der Wildnis. Als ideale Fläche bot sich dafür ein ebenes Stück Land nahe dem Bootssteg an.

„Als erstes, das ist euch hoffentlich allen klar, müssen wir die im Weg stehenden Bäume fällen. Aber das dürfte eigentlich kein Problem sein. Es sind nur kleine dünne Bäume dort unten."

„Gut, und dann graben wir den Boden um und säen."

Inge lachte, schüttelte den Kopf, und dann klärte uns unsere Biologielehrerin auf.

„Wenn wir das so anstellen, werden wir wohl kaum etwas ernten. Nein, so einfach ist das nicht. Erstens ist es hier nachts noch viel zu kalt. Wir haben hier ja noch Frost. Zweitens bezweifle ich, daß wir in diesem ständig gefrorenen Boden tief genug graben können."

„Was schlägst du also vor, Frau Lehrerin?"

„Wir müßten eine Art Hochbeet anlegen. Frische Erde auf dem Boden aufschichten und dann vielleicht eine Art Treibhaus errichten."

Es klang einfach, und wir stimmten zu, ohne uns darüber im klaren zu sein, welche Arbeit wir uns damit aufgehalst hatten.

Die Bäume waren schnell gefällt, die Wurzeln und Steine zur Seite geräumt. Die gefällten Bäume ließen sich, wie wir feststell-

Unser Frühbeet, das nach Inges Anleitung gebaut wurde

ten, ideal als Begrenzung und Holzmauer für das Beet verwenden. Wir legten sie ungeschält zu einem Rechteck – an den Ecken gekreuzt – übereinander. Zweimal dreieinhalb Meter maß das rechteckige Pflanzenbeet, und es hatte eine Höhe von etwa 90 cm. Unter Inges Anleitung legten wir es mit Tannenreisig, Moos und Gestrüpp aus, um es von unten gegen den Bodenfrost zu schützen. Darüber kam eine dünne Schicht Sand und feiner Kies, den wir vom Seeufer heraufschleppten.

Bis dahin war die Arbeit zügig vorangegangen. Dann aber stockte sie. Der Rest des Beetes sollte mit Erde angefüllt werden, und das entpuppte sich als Problem. Der Humusboden auf dem gesamten Grundstück war, gleichgültig an welcher Stelle, höchstens zehn bis fünfzehn Zentimeter tief und dabei noch mit einer Unzahl grober Steine durchsetzt. Es kostete uns Stunden, die notwendige Erde von den Hängen des Grundstückes zu kratzen, wo sie noch am tiefsten war, und in Eimern zum Beet zu schleppen. In der Gruppe machten sich allmählich Unlustgefühle breit. Doch Inge ließ nicht locker.

„Wenn ihr den ersten eigenen Salat aus dem Garten gegessen habt, denkt ihr nicht mehr daran. Also weiter und keine Diskussion!"

Zwei Tage später begann sie mit der Aussaat, bedeckte das Beet mit alten, noch aus früheren Zeiten herumliegenden Glasfenstern, so daß tatsächlich eine Art Treibhaus entstand. Sie und Alex kümmerten sich in den folgenden Wochen liebevoll um das Beet. Täglich wurden die schnellwüchsigen Pflanzen gegossen. Dünger lieferten die Kaninchen und die Hühner, deren Hinterlassenschaften mit Birkenrinde gemischt, auf einem Komposthaufen gelagert und regelmäßig gewendet wurden.

Die schnellwüchsigen Pflanzen schossen in einem Tempo heran, daß man fast zuschauen konnte. Feld- und Schnittsalat, Radieschen, Möhren, Rhabarber und Kräuter schienen jeden Tag um mehrere Zentimeter zu wachsen.

„Sag mal, das ist doch nicht etwa Salat aus unserem Garten?" fragte Dirk acht Wochen später und schaute staunend auf die Schüssel, die Inge auf den Tisch gestellt hatte.

„Doch, er ist es – unser Salat!"

Sie hatte keine Mühe, uns zum erneuten Erdekratzen zu überreden und zwei weitere Hochbeete sowie zwei flache Beete anzulegen. Wir wurden dafür reichlich belohnt. Das Ernteergebnis der schnellwüchsigen Pflanzen war geradezu umwerfend. Wir hatten fast jeden Tag frische Radieschen, Feld- oder Schnittsalat auf dem Tisch, was Inge damit erklärte, daß die Tage und somit auch der Sonnenstrahleneinfall auf das Treibhaus ungeheuer lang waren. Später – im Hochsommer – ging die Sonne um 24 Uhr unter, um bereits zwei Stunden später wieder aufzugehen.

Weniger Erfolg hatten wir allerdings mit Blumen-, Weiß-, Rot- und Grünkohl. Für diese Pflanzen war – wie sich herausstellte – der Sommer trotz der langen Tage zu kurz.

Die Kettensäge, eines der wertvollsten Werkzeuge beim Bau des Blockhauses

Während es in unserem Garten grünte und blühte, machte ich mich daran, die Gruppe im Umgang mit Holz auszubilden, damit wir uns baldmöglichst dem Weiterbau der großen Blockhütte zuwenden konnten. Wir begannen mit kleineren Arbeiten wie dem Herstellen einer Tränke für die Hunde. Dazu wurde ein Baumstamm geschält und ausgehöhlt. Als nächstes nahmen wir den Bau eines Freigeheges für die Hühner und Kaninchen in Angriff. Ähnlich wie beim Hundezwinger wurden Pfosten eingeschlagen, die alle per Hand geschnitten, geschält und zugespitzt waren. Das Gehege wurde mit Maschendraht eingezäunt und oben mit engliegenden Brettern und Latten bedeckt, so daß uns kein Adler ein Huhn rauben konnte.

Auch die Kaninchen brachten wir in einem neu angelegten Freilaufgehege unter, in der Hoffnung, daß sie dort recht großzügig für Nachkommen sorgen würden.

Die Kaninchen waren, wie der Garten, Inges Spezialgebiet. Gemeinsam mit Sabine baute sie für die kleinen „Löffelträger" kleine, niedliche Häuschen aus Abfallholz. Eines Tages fand ich Inge grübelnd vor dem Gehege sitzen.

„Was ist los, du siehst ja so nachdenklich aus?"

„Das siehst du richtig."

„Kann ich dir helfen?"

„Ich weiß nicht. Ich habe das Gefühl, daß der Bock seine Kaninchen-Damen zu sehr bedrängt. Die finden überhaupt keine Ruhe, sich um ihre Jungen zu kümmern."

„Nimm ihn doch raus."

„Ich fürchte, das werde ich tun müssen. Aber wohin mit ihm? Im Stall hat er keine Sonne, und außerdem ist das für ihn auch nicht gesund."

„Okay, ich merk schon, worauf du hinauswillst. Wir werden für ihn mit Maschendraht einen kleinen Teil im Gehege abtrennen. Einverstanden?"

Inge war zufrieden. Wenige Tage später erzählte sie beim

Kaffeetrinken mit Begeisterung, daß sie für ihre Lieblinge besondere Tränken konstruiert hatte. Wir gingen zum Gehege, um ihr Werk zu begutachten. Inge hatte sich wieder einmal als Improvisator der Spitzenklasse erwiesen. Es waren keine einfachen Holzschälchen, die sie als Tränke benutzte, keine halben Blechdosen. Ihre Konstruktion war einfach, aber wirkungsvoll. In eine am Boden stehende, mit Wasser gefüllte Blechdose ragte knapp unter die Wasseroberfläche der Hals einer umgedrehten, vollen und mit Draht am Zaun befestigten Flasche. Der Inhalt dieser Flasche füllte die Blechdose bei Sinken des Wasserspiegels automatisch wieder auf. Die vollgefüllte Flasche versorgte auf diese Weise die Kaninchen zwei Tage mit Trinkwasser. Das Prinzip hatte Inge den Vogeltränken abgeschaut.

„Ich finde übrigens, daß sie schon recht kräftig aussehen. Sollten wir nicht bald einige schlachten?“ fragte Dirk sachlich.

Sechs entgeistert blickende Augenpaare richteten sich auf ihn.

„Was, diese lieben Dinger schlachten?“

„Was tut ihr denn so komisch? Dafür haben wir sie doch hier – für die Frischfleischversorgung...“

„Dirk hat recht, wir können nicht immer weiter züchten und züchten und füttern und füttern – aber nie schlachten.“

„Ich mach das nicht.“

„Ich denke auch nicht daran.“

„Freiwillige vor!“

Dirk, Alex und ich meldeten uns heldenmütig. Inge mochte gar nicht hinschauen, als drei Stunden später sechs abgezogene Kaninchenleiber zum Trocknen in der Sonne hingen.

„Schau nicht so traurig. Wir haben sie schnell und schmerzlos ins Jenseits befördert. Elvira hat da sicher mehr gelitten.“

„Wieso hat Elvira gelitten?“

„Na, du hast mir doch erzählt, daß sie wieder einmal ausgebüxt ist.“

„Ja und?“

Inge bei der morgendlichen Toilette

„Ich habe im Hundezwinger Reste von Kaninchenknochen gefunden ..."

Inge wandte sich wortlos um und verschwand im Wald.

„Wenn wir ihr jetzt noch erzählen, daß wir vorhaben, die Hasenpfoten als Topfkratzer zu verwenden, rastet sie endgültig aus."

Dennis hatte mir diesen Tip bei meinem Besuch im Winter gegeben. Die Krallen der Kaninchenpfoten wären ideal, hatte er damals gesagt. Damit bekäme man jeden festgeklebten Essensrest vom Topfboden. Inge reagierte entgegen unserer Annahme sachlich und ruhig.

„Eine gute Idee! Gib mal gleich eine Pfote rüber. Ich bin an der Reihe mit dem Abwasch."

Dirk, Uwe und ich machten uns am frühen Morgen auf, neues Brennholz zu schlagen. Nachdem die beiden sich aus ihrem Zelt und ich mich aus meiner Hütte gewühlt hatten und wir ein Frühstück und einen Kakao genossen hatten, der keinerlei Ähnlichkeit mit dem von Freund Dodo im Jahr zuvor aufwies, ging es los. Wir schirrten die Hunde vor den Schlitten, um mit ihnen über den See zur äußersten Ecke meines Grundstücks zu fahren.

Der See war noch zugefroren. Tagsüber taute es zwar, nachts aber herrschte immer noch Frost. Die auf dem Eis liegende Schneedecke taute tagsüber und gefror über Nacht zu einer scharfen, kantigen Eisschicht. Die Hunde hatten Schwierigkeiten, mit diesem Boden umzugehen, brachen leicht einige Zentimeter ein und schnitten sich an dem krustigen Eis die Pfoten auf. Bei der fünften Fuhre – wir ließen die Hunde jeweils fünf gefällte, zwei Meter lange Stämme ziehen – sah ich, daß Kodiak eine blutige Spur hinterließ. Ich stoppte den Schlitten.

„Er blutet an beiden Hinterpfoten. Wir sollten ihn ausspannen."

„Was nutzt das? Er muß trotzdem weiter auf diesem verdammten Eis laufen."

„Hast recht. Komm, setz ihn auf den Schlitten."

Anfangs schien Kodiak diese ungewohnte Situation zu gefallen. Dann aber sprang er wieder und wieder vom Schlitten herunter und gliederte sich im Gespann in seine gewohnte Position ein. Nachdem wir ihn zehnmal auf den Schlitten gesetzt hatten und er zum zehntenmal heruntergesprungen war, gaben wir es auf.

Sollte er doch machen, was er wollte. Zwei Fuhren später hatte sich das Problem von selbst gelöst: Die Mittagssonne hatte Schnee und Eis in Matsch und Wasser verwandelt. Jetzt bekamen wir Probleme mit unseren eigenen Füßen – sie wurden nämlich naß!

Neben den für das tägliche Leben notwendigen Arbeiten, wie Kochen, Wäschewaschen, Brennholz fällen, Sägen und Spalten, kümmerten wir uns auch um den Frühjahrsputz auf meinem Grundstück. Dies hieß vor allem, fehlende oder nicht funktionierende Gebrauchsgegenstände zu ergänzen bzw. zu reparieren. Ich verband dies mit der Ausbildung und Vorbereitung der Gruppe für den Blockhüttenbau. Aus Holz fertigten wir drei kleine Sitzschemel, eine Bank, einen Tisch und Regale für unsere Außenküche an, die in einem geräumigen Zelt untergebracht war. Auch das Bett in der Hütte wurde verbessert. Statt Tannenreisig und Plastikplane war fortan eine richtige Matratze unsere Unterlage. Die Seitenkanten des Bettes wurden sauber abgeschliffen, das Bettgestell in der Hüttenwand verankert.

Noch nicht ganz mit dem Ausbildungsstand der Gruppe zufrieden, wagte ich es nicht, schon mit dem Dachbau meiner Blockhütte zu beginnen. Dieser Teil des Hauses war noch wesentlich schwieriger als der Bau der Außenwände. Ich wollte kein Risiko eingehen und beschloß, mit der Gruppe vorher eine kleine Sauna – eine Miniatur-Hütte – zu bauen.

„Eine Sauna, willst du uns verulken? Was, um Himmels willen, willst du mit einer Sauna in der Wildnis?“

„Klingt verrückt, gebe ich zu. Ist es aber nicht. Inge und ich haben im Winter ja das Spielchen mit der Körperwäsche durchgespielt. So richtig sauber wird man im Wasserbottich eigentlich nie. Na, und im Frühling und Sommer, das merkt ihr ja selbst, kann man ganz schön schmutzig werden. Ich denke, eine Sauna ist eine gute Idee. Da schwitzt man den tiefsitzenden Dreck aus den Poren raus.“

In der „Mannschaftsküche"

„Das leuchtet wohl ein. Aber irgendwie klingt es schon nach Luxus, gib es zu", gab Alex zu bedenken.

„Sinnvoller Luxus, der der Natur nicht schadet", argumentierte ich, und mein Vorschlag war angenommen. Die Vorgehensweise beim Bau war dieselbe wie bei der Blockhütte: Bäumefällen und Roden der Fläche, Wurzelwerk und Steine entfernen, und dann wurde planiert.

Wir legten das Fundament an, bereiteten die Stämme für die Wände vor. Uwe, Dirk, Alex und ich kümmerten uns vor allem um das Fällen und den Transport der Bäume. Christiane, Sabine und Inge übernahmen das Schälen. Wir kamen nicht so zügig voran wie die Gruppe im Vorjahr. Irgendwo hakte es. Es gab sinnlose Streitereien um Kleinigkeiten, die darauf beruhten, daß zu unterschiedliche Charaktere aufeinandertrafen. Die Arbeit verzögerte sich.

Dirk und ich gerieten uns einmal in die Haare, nachdem er zwanzig Schuß vollkommen sinnlos auf Dosen verballert hatte.

„Zahlst du die?" fragte ich ihn, als er sich wie ein Cowboy in einem billigen Western wieder auf die Hütte zubewegte, das Gewehr lässig über den Arm gelegt.

„Ob ich was zahle?"

„Die Munition."

„Wieso sollte ich?"

„Weil das meine Munition war – oder meinst du, ich kriege die geschenkt?"

Ein paar Stunden später gerieten Christiane und Dirk sich in die Haare. Anlaß dafür war, daß Dirk mit seinem Jagdmesser über Stunden einen Baum bewarf, in dessen Rinde sich mit der Zeit tiefe Wunden zeigten. Christiane fand das überhaupt nicht komisch, fürchtete, daß der gesunde Baum daran zugrunde gehen könnte.

Dirk ließ in diesen Tagen nicht mit sich reden. Er schien einen Wildniskoller zu haben und die Träume eines kleinen Jungen ausleben zu müssen. Unlust an der Zusammenarbeit, Arbeitsunlust allgemein breitete sich unter der Gruppe aus.

Zu allem Überfluß ging unsere Verpflegung allmählich zu Ende, und Joe war so mit Flügen ausgebucht, daß er uns auf weiteres keine frischen Nahrungsmittel einfliegen konnte. Wir mußten haushalten. Die Zeiten, da sich jeder Brot und Wurst, Kekse und Schokolade einverleiben konnte, wie es ihm behagte, waren vorbei. Die Rationen wurden streng eingeteilt. Eine Vorsichtsmaßnahme – die auf die Gemüter schlug.

Als schließlich noch Sabine von Sedna in die Hand gebissen wurde, nachdem sie unvorsichtig in einen Kampf zwischen Sedna und Ivalu eingreifen wollte, war die gute Stimmung endgültig dahin. Wir behandelten Sabines Wunde mit antibiotischer Salbe. Dennoch zog sich die Heilung über Wochen hin.

Die einzige, die stets trällernd oder pfeifend durch die Gegend lief, war Inge. Je näher der Sommer rückte, je mehr Pflanzen sich der Sonne entgegenrekelten und in Blüte und Reife übergingen, desto geschäftiger wurde unsere Biologin. Stundenlang verschwand sie im Wald, sammelte Blumen, Strauch- und Baumblätter und trocknete sie. Wenn sie nicht im Garten tätig war, suchte sie Beeren, die zunehmend praller an den Sträuchern hingen.

Ich begleitete Inge zuweilen auf ihren Gängen durch den Wald und bestaunte mit ihr die kleinen und großen Farbtupfer, die sich auf kleinen sonnigen Fleckchen ausbreiteten. Lila Küchenschellen und rosa Heckenrosen und überall das glühende *Fireweed*, die Nationalpflanze des Yukon. Inge wußte diese Pflanze vielseitig zu verwenden. Die jungen Triebe brachte sie roh als Salat oder gekocht als Spinat auf den Tisch. Die Wurzeln bereitete sie zu wie Spargel. Blüten und ausgewachsene Blätter ergaben getrocknet einen leckeren Tee, ebenso die Blätter eines weiteren Teestrauches, den mir Heather gezeigt hatte und der in Europa nicht vorkommt. Aus ihnen brauten wir den „Yukon-Tee".

In Berlin schon hatte Inge ein altes Rezept ausgegraben, wie man aus Fichtennadeln Sirup herstellt. Er entsprach zwar nicht unser aller Geschmack, war aber sehr Vitamin-C-haltig.

Hagebutten, Preiselbeeren, Blaubeeren, Seifen- und Krähenbeeren – je sommerlicher die Temperaturen wurden, im Juli und August vor allem, desto mehr Pflanzen wußte Inge als Marmelade, Sirup, Kompott oder Tee zu verarbeiten. Und wir sammelten stundenlang im Wald Beeren, um ihr einen Teil der Arbeit abzunehmen.

Noch aber war es Mai, die Zeit der Ernte noch einige Wochen entfernt. Das frühlingshafte Tauwetter erschwerte uns die Arbeit.

Die erste eigene Ernte

Da der Boden noch gefroren war, versickerte das Wasser nur langsam. Matschig und glitschig war der Boden, unsere Füße oftmals durch die Schuhe hindurch naß.

Die Stimmung war nicht die allerbeste, und sie wurde nicht besser, als eines Morgens ein Hubschrauber über meinem Grundstück stand. Die Forstbehörde. Am Nachmittag wies sie mich über Funk freundlich, aber unbarmherzig darauf hin, daß die im Bau befindliche Sauna nicht den vorgeschriebenen Abstand zum Seeufer habe. Widerspruch war zwecklos; die Beamten hatten recht.

Ich hatte dieses sinnvolle Gesetz in meiner Begeisterung vergessen. Dreißig Meter waren als Abstand zum Ufer vorgeschrieben. Dann erst durften Zäune den Grundstücksrand markieren oder Häuser gebaut werden. Sinn dieser Regelung war die Gewährleistung, daß jeder Wanderer einen Fluß oder See entlanglaufen konnte, ohne daß ihn ein Grundstückszaun oder ähnliches zwang, einen Umweg zu machen.

Das Gesetz war sinnvoll – für mich oder uns in dieser Situation jedoch ärgerlich und frustrierend. Wir konnten mit der Arbeit von vorne beginnen. Das hieß, die Wände der Sauna einreißen, an anderer Stelle neu planieren, das Fundament anlegen und die Wände hochziehen. Die Lufttemperaturen dieses Mais waren frühlingshaft, die Temperatur unserer Laune lag nun endgültig unter dem Nullpunkt.

Lustlos machten wir uns erneut an den Bau der Sauna, wichen aber immer wieder auf andere Arbeiten aus. Ich konstruierte eine selbstschließende Tür, nachdem uns einige Male ein Teil der Hunde aus dem Zwinger ausgebüxt war. An der äußeren Seite der Tür befestigte ich mittels einer Öse eine Schnur, die durch den Anschlag der Pforte lief. An ihrem Ende hing ein Stein, der sich vom Boden abhob, wenn man die Tür öffnete. Durch sein Gewicht wurde er zu Boden gezogen, sobald wir die Tür losließen, und zog über das Seil die Pforte zu. Sie schloß somit automatisch.

Für die Pforte zum Hühnerstall ließen wir uns etwas anderes einfallen. Auch hier hatten sich einige Tiere immer wieder selbständig gemacht, wenn wir vergessen hatten, die Tür korrekt zu schließen. Das Problem lösten wir, indem wir den Eingang um einen halben Meter nach oben versetzten und diesen unteren Bereich mit Maschendraht sicherten. Nun mußten wir zwar unsere Beine ein Stück heben, wenn wir durch die Pforte das Gehege betraten, die Hühner aber blieben dafür – meist – im Inneren.

Die Tage zogen sich dahin. Joe ließ immer noch auf sich warten, vertröstete uns ein ums andere Mal. Dirk und Alex halfen mir beim Bau der Sauna, Uwe strich die halbfertige Blockhütte mit Dieselöl an, um die Stämme vor Fäulnis zu schützen. Sabine und Christiane wagten sich zu kleinen Kanutouren auf den See. Inge teilte geschickt die Verpflegung ein, die immer dürftiger wurde. Selbst das Erdhörnchen unter meiner alten Hütte erhielt in diesen Tagen keine freundlich gereichte Nuß.

„Tut mir leid, mein Kleiner. Mach Joe ein bißchen Dampf, dann bekommst du auch wieder was ab."

„Was ist denn das?" Ich war neben Sabine getreten, die das Erdhörnchen zu trösten versuchte, und erblickte dabei an der Hüttenwand einen dunklen Fleck, der dort nicht hingehörte. Ich trat näher. Ein Stachelschwein! Regungslos klammerte es sich oberhalb des Brennholzstapels an die Wand.

„He, du, hau ab, du stachelige Borste!"

Es war interessant, so ein Tier einmal von nahem zu sehen, seine Stacheln auf dem Rücken und am Hinterteil zu begutachten, mit denen es sich gegen seine Feinde schützte. Es regte sich nicht. Keine Drohgebärde, kein lautes Reden verscheuchten es.

„Willst dich wohl hier einnisten? Ist uns aber gar nicht recht."

Uwe rief vom Hundezwinger! Ich lief zu ihm. Na bitte, da hatten wir sie, die Bescherung: Wo ein Stachelschwein ist, können andere nicht weit sein! Einer dieser kleinen, ungebetenen Gäste war unter dem Elektrozaun hindurch in den Zwinger gelangt. Zur Freude der Hunde. Baro, Angakoq, Erneneq und Ivalu hatten sich jagdeifrig auf dieses wunderbar duftende, kleine Etwas gestürzt, das da durch den Zwinger marschierte. Das Stacheltier flüchtete auf einen Baum und ließ vier geschlagene Jäger zurück. Kläglich schauten die Hunde drein. Pfoten und Schnauzen bluteten, und Baro lag mit dicken Stacheln um die Nase wimmernd auf der Seite am Boden. Nicht, daß diese Erfahrung den Hunden gereicht hätte. Der Duft des Stachelschweines war für sie offensichtlich zu verlockend. Als der kleine Eindringling vom Baum herunterkletterte, um sich heimlich aus dem Staub zu machen, versuchte Ivalu gleich noch einmal ihr Glück. Ebenso erfolglos, aber dafür mit noch mehr blutenden Einstichen.

„Mann, o Mann, das sieht böse aus!"

Ich trat neben Baro und versuchte die Stacheln aus seiner Schnauze zu ziehen. Sie saßen tief und fest. Baro quiekte jämmerlich.

„Hol bitte mal 'ne Kneifzange, Uwe. Ich glaube, so bekommen wir die Dinger gar nicht raus. Und laß dir von Inge aus dem Erste-Hilfe-Kasten eine Spritze mit einem leichten Betäubungsmittel geben."

Uwe kam zurück – mit Kneifzange, Spritze, Inge, Dirk, Sabine und Alex. Hilfreiche Hände, die Baro streichelten und festhielten, als ich ihm wie ein Viehdoktor des vergangenen Jahrhunderts mit einer einfachen Kneifzange die Stacheln aus der Schnauze zog. Blut quoll aus den Wunden.

„Wie kann er nur so dumm sein! Kennt er keine Stachelschweine?"

„Das ist das Jagdfieber, meine Liebe, einfach Jagdfieber."

Wir hatten die vier Helden versorgt, der Stacheln entledigt und die Wunden gereinigt und desinfiziert, da tauchte schon der nächste Patient auf. Sedna hatte sich an den noch im Zwinger herumliegenden Stacheln versucht und sich prompt dabei die Pfote zerstochen.

„Wir müssen die Stachelschweine irgendwie wieder loswerden. Ich habe keine Lust, jetzt jeden Tag dieses Theater mitzumachen."

„Aber wie?"

„Einfach verscheuchen. Auf sie zurennen und einen Angriff vortäuschen."

„Wird nicht leicht sein. Sie werden einfach wieder auf 'nen Baum klettern. Damit sind sie aus dem Gefahrenbereich heraus. Aber sie sind immer noch da."

„Na, und der Typ, der an der Hüttenwand klebt, zeigt ja deutlich,

Schmerzhafte Bekanntschaft mit einem Stachelschwein

daß er sich nicht ohne weiteres verscheuchen läßt. Aber gut, wir können es so versuchen – und wenn es nicht hilft, bleibt uns immer noch das Gewehr."

„... um sie zu erschießen?"

„Um in die Luft zu schießen."

Das war tatsächlich bei einer Reihe besonders penetranter Stachelschweine notwendig, die sich von unseren Scheinangriffen nicht schrecken ließen und immer wieder auf ihrem Besuch beharrten.

Wir hatten uns in der Mannschaftsküche zusammengesetzt und tranken einen dünnen Kaffee. Fasziniert beobachtete ich Dirk, wie er die ihn belästigenden Mücken zerquetschte und in seiner Tasse sammelte. Die Zeit dieser Quälgeister war wieder angebrochen, und sie belästigten uns in Scharen. Nun schon im zweiten Jahr mit diesem Problem konfrontiert, hatte ich für mich eine persönliche Lösung gefunden. Ich verzichtete auf chemische Mittel zum Einreiben des Körpers. Sie schreckten, so meine Erfahrung, die Yukon-Mücken keinesfalls ab, zogen sie eher an. Meine Methode bestand darin, meinen Körpergeruch dem der Natur anzupassen. Ich benutzte keine parfümierte Seife, stellte mich statt dessen abends in den Rauch des Lagerfeuers.

„Was machst du da eigentlich?" fragte ich Dirk.

„Siehst du doch. Ich töte Mücken, werfe sie in meine Kaffeetasse und trinke sie. Das ist ein altes Trappermittel gegen die Viecher. Es spricht sich unter ihnen herum, wie hart ich mit ihnen umspringe, und sie lassen mich in Ruhe."

„Das habe ich im vergangenen Jahr schon einmal so ähnlich gehört. Da hat einer die Viecher auf seinem Körper zerquetscht und zur Abschreckung auf der Haut kleben lassen. Totaler Blödsinn."

„Meine Methode ist die echte Trapperart. So machen die Trapper das wirklich."

Du mit deinem Trappergequatsche. Hast du überhaupt eine Ahnung, was ein Trapper ist? Du scheinst eine echt kindliche Vorstellung von ihnen zu haben. Trapper sind Fallensteller, die ein bestimmtes Areal mit Fallen auslegen, ihre *trap line*. Es sind Leute, die wahnsinnig hart arbeiten müssen und mit der Natur umzugehen verstehen. Die würden nie so einen Blödsinn treiben. Solche Geschichten erzählen sie allenfalls Greenhorns, um sie auf den Arm zu nehmen."

„So, du scheinst ja wieder einmal den echten Durchblick zu haben."

„Himmel noch mal", griff Inge ein. „Müßt ihr euch dauernd in die Wolle kriegen? Das ist ja unerträglich. Ihr könntet etwas Sinnvolleres tun. – Hast du Joe heute erreicht, Konrad? Es ist viel wichtiger, daß wir endlich frische Nahrungsmittel bekommen."

„Ja, ich habe ihn gesprochen. Er schätzt, daß er Ende der Woche kommen kann."

„Was ist eigentlich mit Joe los? Er ist doch sonst immer so verläßlich und sofort flugbereit?"

„Genau weiß ich es auch nicht. In jedem Fall ist seine ‚Beaver' die letzten Tage ausgefallen. Krank war er wohl auch zwischendurch. Dadurch haben sich seine Aufträge gestaut. Wir sind nicht die einzigen hier draußen, die ihn in Anspruch nehmen. Aber macht euch keine Sorgen, wenn er sagt, daß er Ende der Woche kommt, dann klappt es sicher."

„Und wenn nicht?"

„Dann sollten wir vielleicht unseren Speisezettel bereichern, indem wir uns einmal ausgiebig mit dem Fischfang befassen."

Der Vorschlag wurde von allen mit Begeisterung aufgenommen.

Schlaue Hechte

Ich stand am Steg und blickte auf den See. Langsam löste sich der über dem Wasser liegende Nebel auf und gab den Blick auf das gegenüberliegende Ufer frei. Vor etwa dreißig Jahren mußte dort ein Buschfeuer alle Pflanzen vernichtet haben. Die Bäume waren wesentlich jünger als die auf meinem Grundstück. Faszinierend, dachte ich. So ein Buschfeuer legt alles in Asche: Gräser, Blumen, Büsche und Bäume, die allenfalls als tote, schwarze Stämme erhalten bleiben. Und doch, wenig später schon regt sich das Leben wieder. Das *Fireweed* faßt auf der verbrannten Erde Fuß und auch die schnellwüchsigen Espen. Allmählich wachsen Fichten nach, holen die Espen an Größe ein, überrunden sie und verurteilen sie schließlich zum Sterben, indem sie ihnen das Licht nehmen. Drüben, auf dem anderen Seeufer, hatten die Fichten gerade diese für die Espen bedrohliche Höhe erreicht.

Uwe betrat den Steg wie verabredet pünktlich um neun Uhr.

„Guten Morgen. Können wir?"

„Ja, alles klar, ich bin fertig."

Wir stiegen in mein silbernes Aluminium-Kanu. Uwe und ich wollten eine zweitägige Angeltour zum Südende des Coghlan Lake unternehmen und hofften, mit einem großen Fang zur Hütte zurückzukehren.

Gemächlich paddelten wir los, Uwe vorne im Kanadier, ich hinten.

„Hast du heute nacht den fürchterlichen Knall gehört?" fragte er.

„Nein, was für einen Knall?"

„Hinten bei unseren Zelten ist in der Nacht ein Baum umgestürzt. Er ist nur knapp zehn Meter neben Sabines und Christianes Zelt zu Boden gegangen."

„Puhh, mein Gott! Waren die beiden im Zelt?"

„Ja, waren sie und haben natürlich einen Mordsschreck bekommen. Verstehe nicht, wie so ein Baum einfach umfallen kann."

„Na, es war ziemlich stürmisch heute nacht. Außerdem haben wir in dieser Ecke auch einige Bäume gefällt. Kann sein, daß dieser Baum dadurch für den Wind angreifbarer geworden ist. Vielleicht haben wir auch einen Nachbarbaum gefällt, der für ihn durch seine Position als Windschutz eine Stütze war. Möglich, daß es einen schwach gewachsenen Baum sofort umhaut, wenn ihm der Schutz genommen wird. Das hätte böse ausgehen können, mein Lieber. Ich denke, da haben wir noch einmal Glück gehabt. Wir sollten in Zukunft bei Sturm alle in die Hütte gehen."

Während wir uns über zukünftige Vorsichtsmaßnahmen unterhielten, näherten wir uns „Bushy Island", einer kleinen

Insel südlich von meinem Grundstück. Uwe war noch nie auf dieser Insel gewesen, und so beschlossen wir, dort anzulegen und einen kleinen Rundgang zu machen. Das winzige Eiland war etwa fünfzehn Meter lang, acht Meter breit und hatte eine fast ovale Form. Fünf kleine Fichten hatten sich dort angesiedelt, in der Mitte erhob sich ein kleiner Hügel.

„Das muß hier ein Paradies sein für ein Kaninchen oder irgendein anderes Kleintier. Unerreichbar für seine Feinde, zumindest die, die sich zu Land bewegen."

„Im Sommer ja, aber im Winter können die Wölfe über das Eis hierherlaufen. Nur ein halbes Paradies also. Komm, laß uns weiterfahren. Da hinten, die kleine Bucht links – wie wär es da mit einem ersten Versuch?"

„Gut, schauen wir, ob die Fische uns mögen."

Die Oberfläche des Coghlan Lake war ruhig und glatt. Sanft umspielten Wellen unser Kanu. Die Wassertiefe der kleinen Bucht, die wir ansteuerten, betrug nur etwa einen halben Meter. Wir ließen das Kanu in der Mitte der Bucht treiben, setzten uns zurecht, packten unsere zwei Kohlefaserruten und warfen die Haken aus. Das Wasser war klar, und wir sahen, wie einzelne Äschen auf unsere Spinner und Effzett-Löffel zuschwammen. Kurz davor aber blieben sie stehen, schauten nur, statt zu beißen.

„Komm schon, komm, beiß, meine Süße, geh drauf auf den niedlichen Haken." Uwe versuchte mit sanften Tönen die Fische zu locken. – Nichts!

„Diese Mistviecher! Zu dumm – oder zu schlau – um zuzuschnappen. Glaube kaum, daß wir hier viel Erfolg haben."

Anderthalb Stunden später paddelten wir enttäuscht von dannen, trösteten uns mit der Feststellung, daß Forellen sowieso viel besser schmecken als Äschen.

Den nächsten Versuch unternahmen wir an der „Patrouillenstelle". In der Mitte des Sees war er über seine gesamte Breite nur einen halben bis einen Meter tief. Zu beiden Seiten fiel der Grund dann steil ab. Wir vermuteten an dieser Stelle eine starke Strömung, was sich in der Bewegung des Kanus auch bestätigte. Ideal für Forellen, zumal die Hänge unter Wasser dicht mit Wasserpflanzen bewachsen waren. Etwas tiefer müßten sich aufgrund der Forellenansammlung auch Hechte aufhalten.

Unsere Überlegungen waren richtig. Uwe warf seine Angel aus, und Sekunden später hatte er einen Fisch an der Angel. „Bsss", der Fisch zog die Schnur von der Rute. Zwanzig Meter, vierzig Meter, sechzig Meter ...

„Ich kann ihn nicht bremsen, wenn ich ihn festhalte, reißt die Schnur."

„Laß ihn gehen. Der wird schon müde werden."

Achtzig Meter ... hundert Meter. Dann endlich verstummte das surrende Geräusch der ablaufenden Schnur. Die elastisch nachgebende Spitze der Rute beruhigte sich. Uwe begann die Schnur aufzurollen und den Fisch zum Kanu zu ziehen.

„Muß ein starkes Kerlchen sein, daß der so mit der Schnur abzieht. – Verdammt, er geht schon wieder davon!"

Das Spielchen wiederholte sich einige Male. Der Fisch zog ab, Uwe holte ihn ein Stück ans Boot, der Fisch schwamm wieder davon. Zweimal schon hatte er ihn bis ganz ans Kanu ziehen können, doch jedesmal hatte sich der Hecht – daß es ein solcher war, erkannten wir dabei – mit einem kräftigen Schlag seiner Schwanzflosse, der das Wasser bis ins Boot spritzen ließ, wieder verabschiedet.

Ich saß im hinteren Teil des Bootes, jederzeit bereit, den Hecht durch einen Schlag mit einem stumpfen Holzstock zu betäuben. In unseren Kescher hätte das große Tier nur zur Hälfte hineingepaßt, deshalb mußten wir zu dieser wenig freundlichen Methode greifen, um den Fisch aus dem Wasser zu bekommen.

Endlich war es soweit. Der Hecht war dicht am Kanu. Ich konnte meinen Schlag anbringen, und Uwe griff dem Hecht in die Kiemen, um ihn aus dem Wasser zu ziehen. Eine schmerzhafte

Angelegenheit, da die Kiemen der Hechte sehr stachelig sind.

„Wau, das tut verdammt weh, und schwer ist der."

„Du, der wiegt bestimmt an die achtzehn Pfund. Ein irrer Brocken. Los, gleich wieder rein mit der Schnur. Wo einer ist, da sind noch mehr."

Tatsächlich – zehn Minuten später hatten wir bereits den nächsten Fisch an der Angel. Dieses Mal holten wir ihn etwas geschickter aus dem Wasser. Ich erinnerte mich, daß Dennis mir erzählt hatte, wie er Hechte aus dem Wasser hob. Ich versuchte seine Methode, griff dem Fisch mit Daumen und Zeigefinger in die Augen, worauf er augenblicklich aufhörte, um sich zu schlagen. Nun war es ein leichtes, ihm einen Betäubungsschlag zu versetzen.

Immer wieder warfen wir unsere Angeln aus, Uwe vorne, ich hinten im Kanu. Ein Fisch war prachtvoller als der andere und wurde jedesmal von unserem lauten Jubelgeschrei begleitet. Ab und zu rutschte uns auch einer vom Haken, aber schließlich hatten wir drei Forellen und fünf Hechte im Boot – das sollte uns reichen für heute. Wir wurden allmählich müde, der Tag neigte sich dem Ende zu. Vier Stunden hatten wir gepaddelt und weitere vier Stunden gefischt. Langsam, ganz ohne Eile, lenkten wir das Kanu an das Südufer des Coghlan Lake, um in Henrys Hütte zu übernachten.

Henry schloß seine Hütte nie ab, sicherte sie nur mit einem Band, so daß sie jederzeit als Notunterkunft benutzt werden konnte. Ehe wir es uns darin zur Nacht gemütlich machten, nahmen wir unseren Fang aus und hängten ihn – sicher vor den Tieren der Wildnis – hoch in einen Fichtengipfel. Eine Forelle allerdings verputzten wir gleich selbst. Schließlich hatten wir sie uns verdient. „Forelle paniert" stand auf unserer Speisekarte. Eier, Mehl und Salz hatten wir in unserer Verpflegungskiste mitgebracht. Dazu gab es ein kräftiges Stück Bauernbrot und einen nicht weniger kräftigen Kaffee. Eine herrliche Mahlzeit!

Die Fische können wir gar nicht hoch genug hängen, um sie vor Mitessern aus dem Wald zu schützen

Wir schaufelten sie uns mit einem Riesenappetit hinein. Danach streckten wir uns aus und waren gleich darauf eingeschlafen.

Am nächsten Morgen hatten wir frische Kräfte gesammelt. Henrys Hütte war schön warm gewesen, das Bett, auf dem wir uns mit unseren Schlafsäcken niedergelassen hatten, bequem. Zum Frühstück brutzelten wir uns auf dem Yukon-Ofen in der Hütte ein „Pfannenbrot", eine im Yukon typische Trappernahrung. Mehl, Backpulver, Wasser und etwas Salz – eine Art Weißbrot, das nicht richtig ausgebacken war.

Ordentlich, wie wir waren, räumten wir auf, bevor wir die Hütte verließen und hackten natürlich auch frisches Brennholz, das wir drinnen in einer Ecke aufstapelten, damit nachkommende Besucher trockene Scheite vorfänden.

Unser Jagdfieber war noch nicht verflogen. Wir grasten alle Buchten am Südende des Sees ab – und verloren dabei mehr Haken, als wir Fische fingen.

Eine schmale Bucht war so voller Biberhölzer und Unterholz vom Ufer, daß sich die Haken ständig in den Ästen verhedderten und die Schnüre rissen. Uwe entdeckte in dieser Bucht schließlich einen Hecht, der unter einem Baumstamm auf der Lauer lag. Wir versuchten unser Glück. Warfen die Angel aus, trafen mit dem Köder aber in zu großer Entfernung auf das Wasser und zogen die Schnur wieder ein. Beim nächstenmal verhakte sich der Spinner in einer Astgabel des über dem Hecht liegenden Baumes. Erneuter Versuch. Der Haken glitt direkt vor dem Hecht ins Wasser. Aber der Fisch rührte sich nicht.

„Der will uns wohl zum Narren halten!" Uwe wurde allmählich ungeduldig.

Dreimal landete der Haken genau richtig, doch der Hecht rührte sich nicht. Uwe beschloß, sein Glück vom Ufer aus zu versuchen. Er hatte es auf diesen Hecht abgesehen. Diesen wollte er haben und keinen anderen. Wir landeten mit unserem Kanu am Ufer. Uwe schlug einen großen Bogen durch das dichte Ufergestrüpp, suchte sich eine gute Position und warf wieder und wieder seine Angel aus. Dabei schimpfte er von Mal zu Mal wütender.

„Der will mich für dumm verkaufen. Das gibt's doch gar nicht, daß der sich nicht rührt."

Eine halbe Stunde dauerte dieser Kampf, der keiner war. Dann erst gab Uwe sich geschlagen.

„Okay, Freund", rief er, „du hast gewonnen. Für dieses Mal!"

In der nächsten Bucht hatten wir mehr Erfolg. Sie war wieder flach, am Boden stark bewachsen, also ideal für Hechte. Und tatsächlich – der Köder war kaum auf der Wasseroberfläche aufgetroffen, da bewegten sich blitzartig fünf kleine Bugwellen auf ihn zu: fünf Hechte. Einer schnappte zu – ein kräftiger Bursche, wie wir durch das klare Wasser erkennen konnten – , schwamm ein Stück geradeaus, umrundete einen Baumstamm und – zack – war die Schnur gerissen.

„Das gibt es doch gar nicht! Hast du das gesehen?"

„Der hat echt Grips. Ein gewieftes Kerlchen."

„Was heißt hier Grips? Meinst du, der ist ganz bewußt so um den Baumstamm geschwommen?" Uwe blickte mich ungläubig an.

„Durchaus möglich. Seiner Größe nach zu urteilen, ist das ein alter Hecht gewesen. Wenn du dir überlegst, daß im Sommer etliche Amerikaner zum *Fly-in-Fishing* hierher kommen – das heißt, mit dem Flugzeug auf dem See landen und von dort aus die Angeln auswerfen. Es ist durchaus denkbar, daß ein paar Hechte anbeißen und sich wieder losreißen oder den Haken nicht richtig geschluckt haben. Ich könnte mir vorstellen, daß sich so ein Bursche etwas merkt. Der weiß nach einiger Zeit, was los ist, wenn er auf einen Haken beißt. Und er lernt, wie er ihn loswerden kann. Außerdem – vielleicht erzählen sich die Fische auch von ihren Erfahrungen?"

„Wie kommst du darauf?"

„Na, wenn man an einer Stelle geangelt hat, dann hat man selten am darauffolgenden Tag an derselben Stelle wieder Glück. Meist beißt dort erst wieder einer, wenn ein paar Tage vergangen sind."

„Ist das nun Anglerlatein, oder ist da wirklich was dran?"

Uwe wußte nicht, ob er mir glauben sollte.

„Das sind einfach Erfahrungen, die ich gemacht habe." Mehr konnte ich dazu auch nicht sagen. „Aber laß uns aufhören, uns darüber den Kopf zu zerbrechen. Schau lieber mal Richtung Norden. Wir sollten uns auf den Rückweg machen. Da hinten brauen sich dunkle Wolken zusammen, und der Wind hat auch aufgefrischt."

Wir paddelten gegen den immer stärker werdenden Wind nach Norden. Am Rand einer kleinen Bucht hielten wir noch einmal kurz an. Ich hatte im Schilfgras einen Otter entdeckt, der verspielt im Wasser herumplanschte und sich dabei von uns überhaupt nicht stören ließ. Ein putziges Kerlchen, das den Frühling genoß.

„Komm", mahnte Uwe, „laß uns keine Zeit verlieren. Ich traue dem Wetter nicht."

Er hatte recht. Der Nordwind blies immer kräftiger und brachte schließlich Regen mit, der uns total durchnäßte. Die Wellen auf dem See trugen jetzt Schaumkronen und waren ruppig und hart. Manche waren bis zu einem Meter hoch. Unser Kanu kippelte. Ich fühlte mich unsicher, war froh, daß der vor mir sitzende Uwe ein erfahrener Wildwasserfahrer war, der es verstand, meine hinten grob angegebene Steuerrichtung vorne feinfühlig zu unterstützen. Wie mit einem Quirl arbeitete er mit dem Stechpaddel im Wasser, lenkte das Kanu gekonnt gegen Wind und Wellen.

Als die Böen noch stärker wurden, fuhren wir unter Land weiter, was unsere Fahrstrecke zwar verlängerte, uns aber ein bißchen Windschutz gab. Längst schon saßen wir nicht mehr auf den Bänken, sondern knieten im Boot, um den Schwerpunkt tiefer zu verlagern. Rein vom Gefühl her fühlten wir uns so – dazu noch mit Schwimmwesten ausgerüstet – sicherer. Seewasser spritzte über den Bug, dicke Tropfen prasselten vom Himmel herunter. Klatschnaß kämpften wir uns vorwärts.

Nach vier Stunden erreichten wir mein Grundstück. Inge hatte uns von der Hütte aus kommen sehen, rannte zum Steg und half uns beim Anlegen.

„Kommt, ihr Helden. Rein in die Hütte. Heißer Tee steht schon auf dem Ofen."

Vor Nässe triefend schleppten wir uns ins Blockhaus, wo uns wohlige Wärme umfing.

„Und wie ist die Ausbeute?"

Inge ging es vor allem um ihren Speisezettel.

„Na ja, eigentlich ganz gut. Für zwei Tage hätte es allerdings ein bißchen mehr sein können", gab ich lahm zur Antwort.

Inge sah uns an, daß wir nicht dazu aufgelegt waren, viel über unsere zum Teil nicht gerade erfolgreiche Angeltour zu berichten.

„Nun, nehmt's euch man nicht so zu Herzen. Es gibt übrigens eine gute Nachricht: Joe kommt morgen abend."

„Endlich. Bringt er schon was mit?"

„Er hat gesagt, daß er in Whitehorse fast voll ist und unterwegs einiges auslädt. Viel kann er noch nicht mitbringen. Er wollte versuchen, je zehn Kilo Mehl, Zucker und Haferflocken mitzubringen. Viel wichtiger aber ist, daß er dich und mich mit nach Whitehorse nimmt, dann können wir selbst alles Notwendige besorgen. Ich muß außerdem dringend mein Visum verlängern. Das läuft diese Woche ab."

Das war in der Tat eine gute Nachricht, die Inge uns da mitteilte. Die wog den Frust mit den schlauen Hechten vom Coghlan Lake leicht wieder auf – zumal mit Joes Kommen unsere Lebensmittelrationierung ein Ende nehmen würde.

Besuch in Whitehorse

Inge war regelrecht aufgekratzt und freute sich wie ein kleines Kind, als Joe uns am nächsten Abend abholte. Ein halbes Jahr lang hatte sie mein Grundstück am Coghlan Lake nicht verlassen. Sie hatte diese Zeit genossen und das Stadtleben nicht vermißt. Der Besuch in Whitehorse schien ihr nun wie ein prickelndes, aufregendes Erlebnis. Ein Abenteuer besonderer Art.

Aufgeregt rutschte sie auf dem Sitz hin und her, als Joe startete.

„Hoffentlich verlängern sie mein Visum. Meinst du, es wird Probleme geben?"

„Kann ich mir nicht vorstellen. Wir werden sehen."

„Und was machen wir heute abend in Whitehorse? Gehen wir aus? He, ich habe wahnsinnige Lust, etwas zu unternehmen."

Fasziniert schaute sie aus dem Fenster und bestaunte die unter uns liegende Landschaft. Als sie im Dezember zum Coghlan Lake geflogen war, war alles mit einer endlosen Schneedecke zugedeckt gewesen. Nun hatte sich das Bild verändert. Deutlich waren Seen, Tümpel und Flußrinnsale zu erkennen. Die unterschiedlichen Grüntöne zeichneten Muster, grau hoben sich darin die Felsen ab.

„Du kannst sagen, was du willst. Das ist hier doch eins der schönsten Fleckchen Erde, die ich kenne." Hatte das Inge eben gesagt – oder hatte ich es gedacht?

Es war gegen acht Uhr, als wir in Whitehorse landeten und beschlossen, als erstes essen zu gehen. Die Augen gingen uns über, als wir die Speisekarte lasen. Vor allem Inge hatte im vergangenen Jahr auf viele Dinge verzichten müssen. Sie bestellte ein riesiges Steak – was am Coghlan Lake Mangelware war – mit einer Unmenge frischen Gemüses. Dazu ein Glas Wein.

Es machte mir Spaß, zu beobachten, wie sie genußvoll am Glas

Tiger auf dem Kriegspfad

nippte und dann energisch Messer und Gabel ergriff, um dem Steak zu Leibe zu rücken. Plötzlich legte sie mit einem derben Fluch das Messer wieder zur Seite und zog ihr Jagdmesser aus ihrer am Gürtel befestigten Lederscheide.

„Unmöglich, diese stumpfen Dinger, die sie hier haben."

Ich kicherte, blickte um mich. Auch unsere Tischnachbarn schienen sich darüber zu amüsieren, wie Inge nun mit ihrem frisch geschliffenen Jagdmesser das Steak in Angriff nahm.

Wir saßen gut zwei Stunden in dem gemütlichen Restaurant, lauschten der aus dem Lautsprecher rieselnden Dudelmusik und besprachen unser Programm für den nächsten Tag. Dann zogen wir uns in unser Hotelzimmer zurück.

Inge stand wie ein kleines Kind unter der Dusche: heißes Wasser direkt aus der Wand, einfach an den Hähnen drehen. Kein mühseliges Schleppen von Wassereimern. Einfach hinstellen und sich berieseln lassen. Inge konnte nicht genug kriegen. Über eine dreiviertel Stunde genoß sie diesen Luxus. Erst dann durfte ich ins Bad – und ich genoß ihn ebenso!

Am nächsten Morgen ging es mit unserer zweiseitigen Bestellliste in die Supermärkte. Wir kauften Marmelade, Konserven, Obst, außerdem riesige Mengen Käse, der Haltbarkeit wegen in Folie eingeschweißt, Tee, Kaffee, Milchpulver, Nüsse, Trockenobst. Was am Coghlan Lake fehlte, schleppten wir nun kisten- und säckeweise aus den Supermärkten. Inge verfiel in einen regelrechten Zivilisationskaufrausch, griff nach allem, was sie lange hatte entbehren müssen: Schokolade, Joghurt, Quark, Tomaten, Gurken, Äpfel, Coca-Cola. Einen Teil aß sie gleich vor dem Geschäft. Kleine Mengen davon wollte sie zum Coghlan Lake mitnehmen. Ein paar Tage würden sich so leicht verderbliche Nahrungsmittel wie Joghurt und Bananen wohl auch dort halten, meinte sie.

Der Streß des Einkaufs lag hinter uns. Es folgte die Runde mit der Bürokratie. Inge mußte ihr Visum verlängern lassen. Es bedurfte einer Menge freundlicher Worte gegenüber den Beamten und der Vorlage ihrer Kontoauszüge. Dann gaben sie ihr das offizielle Okay.

„So, das wär's, glaube ich. Müssen wir noch etwas erledigen?"

„Ja, die Katze. Wir wollten uns doch eine Katze anschaffen."

Inge hatte es nicht vergessen: mein Versprechen, das leidige Mäuseproblem mit einer Katze zu lösen. Während ich noch einige Schrauben in der Eisenwarenhandlung besorgte, studierte sie Zeitungsanzeigen. Vielleicht wollte ja gerade jemand einen Kater verschenken. Sie fand entsprechende Angebote, allerdings nur von Menschen, die weit außerhalb der Stadt wohnten, was eine teure Taxifahrt erforderlich gemacht hätte.

Abends trafen wir uns im Hotel.

„Und? Hast du was gefunden?“

„Ich bin noch zur Tierhandlung gefahren und habe dort in einem dieser erbärmlichen Käfige einen niedlichen, roten, kleinen Kater gesehen, der so unglücklich ausschaute hinter diesen Gittern. Was meinst du? Er kostet zwanzig Dollar. Soll ich ihn holen?“

„Aber sicher. Ich merk doch schon, du hast dich bereits in ihn verliebt. Aber nun komm, wir gehen aus.“

„Wohin?“

Ich lud Inge in die *Frantic Follies* ein, eine Vorstellung mit Cancan-Girls. Die Stimmung im Saal war vergnügt und ausgelassen, und wir verfolgten begeistert und fasziniert, wie das Publikum überall mitmachte. Männer und Frauen ließen sich bereitwillig, ohne sich lange zu zieren, von den Can-Can-Girls auf die Bühne holen und schwangen das Tanzbein. Dazwischen gab es einen Sketch, der von allen im Saal begeistert beklatscht wurde, und Gesangseinlagen, die ebenfalls mit Riesenbeifall bedacht wurden. Wir genossen den Abend, tanzten, sangen, klatschten mit Begeisterung mit. Es war schon spät, als wir endlich ins Hotel zurückkehrten.

Am nächsten Morgen ging es selbstverständlich als erstes zur Tierhandlung. Inge hatte Angst, daß jemand anderes den Kater kaufen könnte – und war erst glücklich, als sie den kleinen roten „Tiger“ im Arm hielt. Im Taxi hatte sie ihn gleich aus dem Pappkarton geholt, in welchen man das Tier zum Transport gesteckt hatte. „Tiger“ hatte seiner Freude und Dankbarkeit über die Freiheit dermaßen Ausdruck verliehen, daß er auf dem Rücksitz des Wagens sein Markenzeichen hinterließ. Eine böse Überraschung, als wir nach dem Leeren des Postfaches wieder ins Taxi stiegen. Inge wischte verzweifelt mit dem Taschentuch, während der Taxifahrer wütend vor sich hin brummte. Inge ertrug seinen Groll mit Fassung. Tiger war von Stund an unter ihren ganz persönlichen Schutz gestellt.

Im Flugzeug machte ich mich ans Lesen meiner Post. Inge kraulte ihren Kater.

„Interessiert dich deine Post überhaupt nicht?" fragte ich sie.

„Doch schon. Sehr sogar. Ich werde jeden Tag einen Brief öffnen. Zehn Briefe habe ich bekommen. Die nächsten zehn Tage bekomme ich jeden Tag Post."

„Gar keine schlechte Idee", fand ich.

Als Joe die Maschine am Coghlan Lake aufsetzte, stand unsere Gruppe schon aufgeregt am Steg. Endlich frische Verpflegung! Wir luden die Kisten aus und schleppten alles zum Lagerschuppen hinauf. Tiger ging sogleich auf Jagd. Nicht allerdings auf die Jagd nach Mäusen. Was ihn reizte, waren die Libellen. Wir ließen ihm sein Vergnügen. Und widmeten uns dem unsrigen: einem großen gemeinsamen Festmahl.

Sila

Es war ein herrlich ruhiger, sonniger Morgen. Ein Tag, der zum frühen Aufstehen verlockte. Ich schälte mich aus meinem Schlafsack, schlüpfte in meine Shorts und griff nach dem Eimer, um Wasser vom See zu holen. Der Blick über den spiegelglatten See, erste warme Sonnenstrahlen – herrlich! Ich ließ meine Beine über den Stegrand baumeln und träumte.

Von hinten tippte mir Inge sanft auf die Schulter. „Konrad", sagte sie leise, „komm bitte mal mit. Mit Sila stimmt was nicht."

Wir kletterten zum Freilaufgehege hoch, wo sich bereits unsere ganze Gruppe versammelt hatte. Schweigend standen alle im Kreis. Aus seiner Mitte hörte ich ein erbärmliches Quieken. Ich drängte mich durch. Sila lag flach auf der Seite, schwer atmend, immer wieder dieses herzzerreißende Quieken ausstoßend. Neben ihm, unruhig und nervös, seine Schwester Sedna, die ihn unaufhörlich ableckte.

Ich tastete Silas Körper ab. Keine äußerlichen Verletzungen.

„Vielleicht hat er bei seinem gestrigen Ausbruch aus dem Gehege von den Stachelschweinborsten gegessen, die hier überall herumliegen. Und die pieksen ihn vielleicht", meinte Sabine.

„Er würde nicht so erbärmlich jaulen, wenn sie ihn nur pieksen würden", antwortete Inge.

Auf einmal redeten alle durcheinander.

„Du meinst, die Stacheln zerstechen ihm die Magenwand?"

„Vielleicht hat er doch aber eine ganz andere Verletzung."

„Warum räumt denn auch niemand die Stacheln weg? Die liegen hier doch schon seit Tagen. Ihr wußtet doch, daß die Hunde sich immer wieder darauf stürzen."

Das laute Gerede machte Sedna nervös; unruhig bewegte sie den Kopf hin und her. Sila zuckte am ganzen Körper und jaulte noch jämmerlicher. Kurz entschlossen hob ich ihn vom Boden und trug ihn zur Hütte. Sedna umkreiste mich aufgeregt, griff mich nicht an, aber zeigte deutlich, daß sie Sila nicht weglassen wollte.

„Ich kümmere mich um ihn, macht ihr inzwischen mit der Arbeit weiter", sagte ich. Ich schloß die Tür der Blockhütte hinter mir ab, legte Sila aufs Bett und zog die Vorhänge am Fenster zu. Dann maß ich Silas Temperatur: kein Fieber, der Puls normal.

„Verdammt, Sila, was hast du nur?"

Bei jedem Atemzug quiekte er kläglich. Ich streichelte und kraulte ihn, versuchte ihn mit sanfter Stimme zu beruhigen, legte mich neben ihn – hilflos.

Acht Stunden lag ich so neben ihm, wärmte ihn mit meinem Körper. Sila starb ruhig – in dem Wissen, nicht allein zu sein. Sein Atem wurde flacher, das Zucken seines Körpers schwächer. Schließlich wurde sein Körper schlaff, und die Augen verdrehten sich.

Gleich ist er tot, dachte ich und fühlte mich so elend. Ich spürte, wie ihn seine Seele verließ, wie er kalt und steif wurde.

„Mein lieber, kleiner Sila, du wunderschöner Grönlandhund,

stolzer Sohn Angakoqs und Arnaqs, gerade eben ein halbes Jahr alt – wenn ich schuld bin an deinem Tod, verzeih mir bitte."

Bis tief in die Nacht blieb ich neben ihm liegen. Dann trug ich ihn zum Bootssteg und brachte ihn mit dem Kanu zu „Bushy Island". Auf dem Hügel der Insel legte ich ihn ab, schichtete seinen Körper wie in einem Hünengrab mit schweren Felsbrocken vom Ufer der Insel zu. Ich wollte sicher sein, daß ihn kein Kojote und kein Wolf, die es vielleicht irgendwann einmal auf die Insel verschlagen sollte, ausgraben konnten. Ein Holzkreuz und Blumen der Insel schmückten sein Grab. Ich blieb bei ihm, bis der Morgen anbrach. In der Ferne hörte ich die anderen Hunde klagen.

Inge stand am Bootssteg, als ich mit der Morgendämmerung zu meinem Land zurückkehrte. Sie nahm mich in die Arme.

„Komm, laß uns auf den See hinausfahren."

Wir schwiegen, redeten von Sila, schwiegen wieder und ließen das Kanu in den sanften Wellen treiben.

„Konrad, wir haben beschlossen, eine Weile in und mit der Wildnis zu leben. Wir müssen akzeptieren, daß sie und nicht wir entscheidet."

„Ich weiß, wir müssen uns mit dem Gang der Natur abfinden, auch wenn es uns schwerfällt. Aber im Fall von Sila . . . Ich frage mich immer wieder, ob wir Fehler gemacht haben. Ich fürchte, daß wir schuld sind an seinem Tod."

Ein paar Wochen später erfuhr ich von Dennis, was die mögliche Ursache für Silas Tod gewesen sein konnte.

„So, wie du mir die Symptome seiner Krankheit beschreibst, scheint er innerlich verblutet zu sein. Wenn du, wie du sagst, die Innereien und Köpfe von Fischen, unter anderem Hechten, an die Hunde verfüttert hast, ist es möglich, daß ihm die rasiermesserscharfen Zähne eines Hechtes den Magen zerschnitten haben. Ein Husky zermalmt sein Fressen sorgfältig mit den Zähnen, ein

Grönlandhund aber wie Sila würgt sein Futter oftmals herunter, ohne es zerkaut zu haben."

Ich hatte einen Fehler gemacht. Einen schwerwiegenden Fehler. Es war zu spät, ihn zu korrigieren.

Ein Bär wird energisch

Der Schnee war endlich vollständig weggetaut, die Temperaturen innerhalb von vierzehn Tagen auf durchschnittlich 15° Celsius angestiegen. Wir saßen genüßlich mampfend und schweigend am Lagerfeuer – selbstgefangene Forellen und Kartoffeln gab es.

„Was haltet ihr davon, zwei Tage Urlaub zu machen? Raus in die Wildnis. Ich hätte Lust, einen Tag durch die Gegend zu wandern, irgendwo zu schlafen, ohne Zelt und Hütte, unter freiem Himmel. Und am nächsten Tag zurück."

„Uwe, ist dir das hier nicht Abenteuer genug? Nimmt dir der Schutz der Hütte schon den Geruch des Abenteuers? – Aber abgesehen davon – Lust hätte ich schon mitzumachen."

Uwes Vorschlag stieß in der Runde auf Zustimmung. Die Sache war schnell beschlossen.

„Wer bleibt hier? Einer muß sich um die Tiere kümmern!"

„Ich", antwortete Inge sofort. „Ich bin eh froh, wenn ich mal zwei Tage niemanden von euch sehen muß."

In der Morgendämmerung zogen wir los. Jeder nur seinen Schlafsack auf den Rücken geschnürt. In einem Rucksack ein wenig Proviant, Brot und Wurst, Feldflaschen, Obst und Schokolade. Mit dabei war auch die zweiläufige Schrotflinte von Dirk sowie Baro als Schutz vor – wer weiß schon was.

Der Weg Richtung Norden am Coghlan Lake entlang war recht leicht zu gehen. Die Bäume standen zwar eng, es gab dichtes Unterholz, aber deutlich führte ein von Wildtieren getretener Pfad am Ufer entlang.

Die Hühner fühlen sich im Freien wohler als in der Hütte

„Ein echter Highway ist das hier", meinte Alex – auch wenn dieser Highway hin und wieder von einem umgestürzten Baum blockiert wurde.

Am Frank Creek nahm die Landschaft ein anderes Bild an. Das Tal war breit, am Rande nur sanft ansteigend, dreißig bis fünfzig Meter hohe Hügel. Keine eng stehenden, hohen Bäume mehr, die die Sonne nicht durchließen. Statt dessen weite Lichtungen. Nur vereinzelt Zwergbirken und Zitterpappeln, viele Wacholderbüsche, Gras und Moos. Alle paar hundert Meter durchschnitten Biberdämme den zwei Meter breiten Frank Creek, stauten sein Wasser, das sich als flache Seen über die Wiesen am Ufer ausweitete. In unseren Schuhen schwappte und quietschte es, nachdem wir die Wiesen überquert hatten.

„Wenn die Biberdämme nicht wären, käme ich mir vor wie Heidi auf der Alm. Da, schaut, da ist einer – ein Biber!"

Für einen Moment sah ich seinen flach aus dem Wasser gehobenen Kopf. Dann verschwand er im Holzgewirr seines Dammes, nicht ohne vorher kraftvoll mit seinem breiten, schweren Schwanz auf die Wasseroberfläche geschlagen, und so mit lautem Knall, einem Gewehrschuß gleich, seine Familienmitglieder gewarnt zu haben. Aus dem scheinbar ohne System zusammengetragenen Zweig- und Gestrüppgewirr wuchsen Grashalme. Zeichen dafür, daß es sich um einen älteren Damm handeln mußte.

„Wenn man dieses Werk betrachtet, wundert man sich nicht, daß die Biber als Symbole des Fleißes gelten."

„Wie fällen die eigentlich die Bäume?" fragte Sabine.

„Mit demselben Risiko wie wir. Wußtet ihr, daß schon manch baumfällender Biber von einem umstürzenden Baum erschlagen wurde? Es kann sie also dasselbe Schicksal treffen wie uns, wenn sie Fehler machen."

„Und wie fällen sie die Bäume? – Weißt du es, Konrad?"

„Zuerst benagen sie den Baum rundherum. Dann reißen sie große Holzstücke, bis zu zwölf Zentimeter lang, aus dem Baum heraus. Weiter – immer um den Baum herum. Mit ihren großen Schneidezähnen, die übrigens täglich wachsen und durch das Nagen im Wachstum kontrolliert und abgenutzt werden, hacken sie in das Holz hinein. Mit den unteren zwei Schneidezähnen nagen sie dann eine große Kerbe. So bricht das Holzstück heraus. Sie nagen also rundherum tiefe Kerben in den Baum, bis er zu schwanken beginnt. Dann laufen sie um ihr Leben, nicht wissend, in welche Richtung der Baum fällt. Manchmal in die falsche Richtung."

„Mein Gott, wie schrecklich! Und das alles nur, um einen Damm zu bauen", meinte Sabine.

„Nicht nur deshalb. Die Biber ernähren sich von den Bäumen.

Na, und der Damm mit seinem unter Wasser gelegenen Eingang ist gleichzeitig Schutz vor den schlimmsten Feinden des Bibers, dem Wolf und dem Luchs."

„Sag mal, du Biberfachmann, kannst du mir auch noch erklären, wie die so einen Damm bauen?"

„Du wirst lachen – ich kann. Zuerst stecken sie Zweige und Äste aller Größen in den Schlamm des Flußbettes. Bis die Holzreihe von einem Ufer zum anderen reicht. Dann graben sie Lehm aus dem Flußbett und klopfen ihn zwischen den Stangen fest. Der Fluß drückt Treibgut dagegen und macht die Wand immer undurchlässiger. Zumal die Biber immer weiter Gestrüpp und Zweige einbauen und jedes kleine Loch, das durch einen Sturm oder so entsteht, wieder flicken."

Sabine hockte sich interessiert neben den Damm.

„Ob er noch einmal herauskommt und sich uns zeigt?"

„Ich glaube, das kannst du vergessen. Biber sind ungeheuer scheu. Aber du siehst ja, das ist hier ein Bibergebiet. Vielleicht haben wir an anderer Stelle noch einmal Glück."

Fünf Stunden waren wir gewandert, als sich auf der gegenüberliegenden Uferseite des Frank Creek eine breite Lichtung als Lagerplatz anbot. Wir nutzten einen Biberdamm als Brücke über den Fluß. Er war stabil genug, um uns zu tragen. Es gibt Dämme, die sogar die Überfahrt von Pferd und Wagen verkraften. Das Überqueren unserer Brücke allerdings erforderte ein ausgesprochenes Balance-Talent. Die obere Kante maß nur etwa zehn Zentimeter. Für Christiane offensichtlich zu schmal. Hinter mir hörte ich einen Aufschrei, knackende Äste und spritzendes Wasser. Christiane stand bis zum Bauch, ihren Schlafsack mit den Händen weit über den Kopf haltend, im Biberteich. Hinter ihr, noch auf dem Zweiggewirr stehend, begann Alex zu schwanken. Erschreckt durch Christianes plötzlichen Absturz, hatte er eine hastige Bewegung mit dem Körper gemacht und geriet nun auf den glitschigen Ästen ebenfalls in Gefahr, ein unfreiwilliges Bad

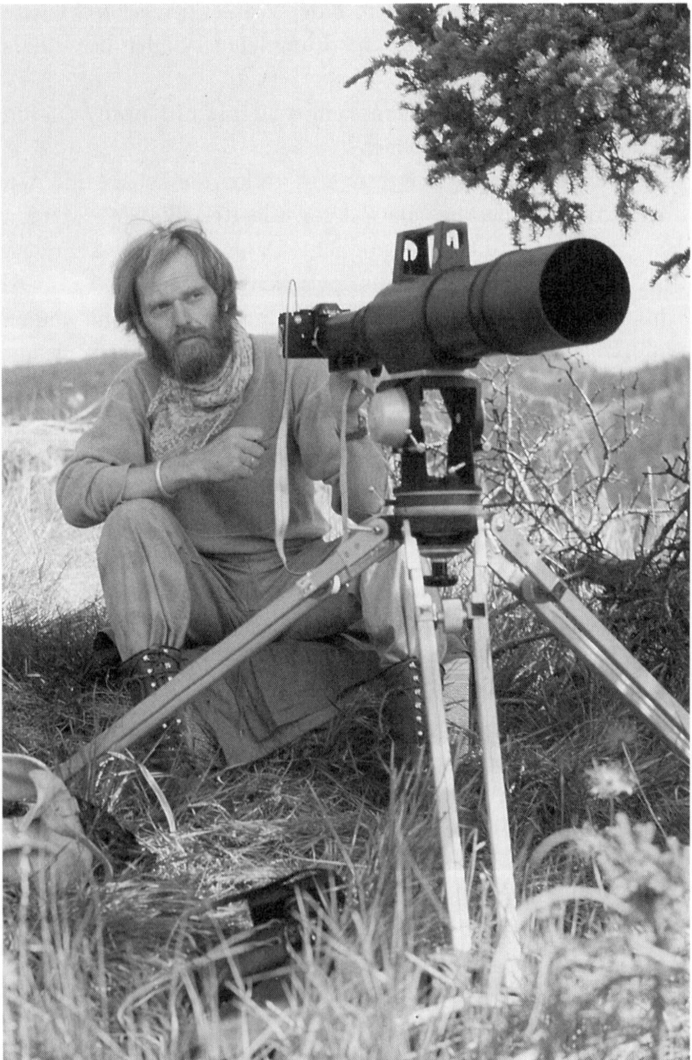

Kamerajagd auf die Bewohner der Wildnis

zu nehmen. In Sekundenschnelle verloren seine Füße den Halt. Alex rutschte nach rechts weg, kippte auf den Rücken, schoß abwärts und versank neben Christiane im Wasser. Samt Rucksack.

„So ein verdammter Mist“, prustete er beim Auftauchen. „Und du bist schuld daran, Christiane. Wenn du nicht abgestürzt wärst, stände ich jetzt noch im Trockenen. Du bist hoffentlich so fair, heute nacht deinen Schlafsack mit mir zu teilen. Meinen werde ich wohl kaum so schnell trocken kriegen.“

„Vielleicht finden wir für dich ein trockenes Bärenfell“, feixte Uwe.

Die beiden wateten ans Ufer, wo wir sie lachend an Land zogen.

Die Lichtung war ideal für unser Nachtlager. Nach einer Seite hin waren wir durch den Frank Creek vor dem unerwünschten Besuch unfreundlicher Tiere geschützt. Der sich an die Lichtung anschließende Wald bestand aus hochgewachsenen Laubbäumen: Birken und Espen. Dadurch hatten wir vierzig bis fünfzig Meter in den Wald hinein gute Sicht. Drohende Gefahr, die sich aus dieser Richtung auf uns zubewegte, würden wir rechtzeitig erkennen.

Während Alex und Christiane ein Lagerfeuer auf einer Kiesfläche am Ufer entfachten, um ihre Kleidung zu trocknen, machten wir uns an die Arbeit. Ein *lean to* sollte uns über Nacht Schutz bieten. Der Standort war schnell gefunden. Zwei in 2,50 Meter Abstand stehende Bäume, die in zwei Meter Höhe bereits stabile Äste aufwiesen. Dirk fällte ein entsprechend langes, kleines Bäumchen. Sorgsam drückte er es in die Astgabelungen und band es fest. Sabine, Uwe und ich hatten derweil eine Reihe gröberer Äste gesammelt und vom Zweigwerk befreit. Im 45-Grad-Winkel lehnten wir diese gegen die Querstange und banden sie einzeln fest, so daß sie nicht verrutschen konnten. Dann belegten wir dieses Gerüst dick mit Tannenzweigen und Moos. Ein perfekter Schutz vor Regen und Wind, Platz für sechs nebeneinandergekuschelte Menschen.

Wir machten es uns am Lagerfeuer bei Alex und Christiane gemütlich, packten die mitgebrachten Wurstbrote aus, klönten und lachten, lauschten spät in der Nacht den Geräuschen der Wildnis. Nach und nach verzogen wir uns in die Schlafsäcke unter unserem *lean to*.

Es wurde eine unruhige Nacht. Die Luft war warm, die Mücken aktiv. Wenn es nur die Nase war, die aus dem Schlafsack herausschaute, so saßen garantiert binnen kürzester Frist zehn Mücken darauf. Sechs Personen wälzten sich unruhig herum, stießen aneinander, kämpften um mehr Platz. Die Morgendämmerung brach an, als ich endlich in Schlaf fiel.

Irgend jemand schüttelte mich. Ich hörte drohendes Hundegeknurre.

„Komm, komm – schnell weg!"

Ich setzte mich auf, sah Dirk, Alex, Sabine und Christiane zum Fluß hinrennen. Uwe wühlte sich aus dem Schlafsack, schaute mich mit zerknautschtem Gesicht an. Ich blickte in die Richtung, aus der das Hundegeknurre kam. Baro veranstaltete diesen Lärm gut vierzig Meter tief im Wald. Er tänzelte dort um irgend etwas herum. Irgend etwas? Ich riß die Augen weiter auf. Ein Grizzly! Und er kam direkt auf uns zu!

„Uwe, raus aus dem Schlafsack! Komm bloß weg! Ein Bär!"

Uwe begann verzweifelt herumzuwursteln, kam irgendwie nicht aus dem Schlafsack heraus. Ich half ihm, meinen Blick in Panik Richtung Wald gerichtet. Endlich war Uwe draußen. In Unterhosen stand er da, wollte nach seinen Klamotten fischen.

„Laß deine Sachen, wo sie sind. Lauf zum Fluß – schnell!"

Da standen wir dann alle, fünfzig Meter von unserer Schlafstelle entfernt. Baro umkreiste den Grizzly immer noch, wenngleich in respektvollem Abstand.

„Wenn er nicht so einen Lärm gemacht hätte, wären wir dem Bären schlafend in die Arme gefallen."

„Du solltest Baro zurückpfeifen. Der Grizzly wird sonst vielleicht sauer."

Nach einigem Rufen trollte sich Baro, setzte sich zu uns, die wir auf den Boden gekauert das Geschehen verfolgten. Der Bär hatte die Lichtung erreicht. Fast träge wirkte sein Gang. Auf allen vieren marschierte er geradewegs auf unsere Schlafsäcke zu. Gut eine halbe Stunde schnüffelte er daran herum, prüfte alles eingehend, ohne uns nur eines Blickes zu würdigen. Warum sollte er auch? Das hier war sein Revier. Er hatte das Hausrecht. Er hatte das Recht zu überprüfen, wer sich hier unerlaubt aufhielt. Achtzig bis neunzig Zentimeter mochte seine Widerristhöhe messen. Groß genug, uns Respekt einzuflößen. Baro heulte, wollte erneut zum Angriff übergehen. Ich hielt ihn fest, redete beruhigend auf ihn ein.

„Wer hat eigentlich das Gewehr?"

„Das Gewehr?" Wir blickten uns an.

„Das liegt bei meinem Schlafsack", gab Dirk kleinlaut zu.

„Da haben wir uns ja wieder einmal als absolute Experten bewiesen."

„Warte, wenn er sich ein bißchen von unserem Lagerplatz entfernt, lauf ich hin und hol es."

„Mach keinen Mist, Dirk, du bleibst hier."

Den Grizzly schien unser Gepäck nun nicht weiter zu interessieren. Gemächlich trottete er wieder auf den Wald zu und verschwand hinter den Bäumen.

Dirk kroch auf den Schlafplatz zu.

„Bleib hier, verdammt! Mach keinen Mist!" rief ich. Er hörte nicht auf mich.

„Bring mir meine Kamera mit", schrie Uwe.

„Seid ihr von allen guten Geistern verlassen? Wir stehen einem Bären gegenüber, und ihr habt nichts anderes im Sinn, als ein Foto von ihm zu machen."

Aber Dirk hatte Glück. Er erreichte das Lager und kehrte

zurück, ohne daß sich der Bär erneut gezeigt hatte. Ich atmete auf. Fünf Minuten vergingen. Dann erschien unser Freund wieder. Er bewegte sich direkt auf uns zu.

„Soll ich in die Luft schießen?" fragte Dirk aufgeregt.

„Nein, laß das. Wir versuchen, nach links auszuweichen und an unsere Sachen zu kommen."

Es gelang. Wir konnten uns links an ihm vorbeidrücken. Der Bär lief geradewegs auf den Biberteich zu, bog dann nach rechts ab und verschwand.

Wir atmeten alle auf. Uwe und ich folgten dem Bär in gebührendem Abstand noch eine Weile, um sicher zu sein, daß er nicht doch wieder einen Bogen schlagen und zurückkehren würde. Die anderen packten unterdessen ohne Hast die Schlafsäcke zusammen und räumten den Lagerplatz auf. Als Uwe und ich zurückkehrten, sicher, daß der Bär uns so schnell nicht wieder stören würde, saßen unsere Freunde gemütlich beim Kaffee!

„Na, ihr habt Nerven!"

„Ach, komm, Konrad. Der Bär ist doch weg. Warum sollten wir uns nicht einen Becher Kaffee zum Frühstück gönnen?" sagte Alex gemütlich.

„Du weißt, daß ein Bär unheimlich wütend werden kann, wenn man ihm zu nahe kommt und ihn stört. Wir haben noch Glück gehabt. Es war eine dezente Warnung von ihm. Wir sollten machen, daß wir von hier wegkommen."

Uwe und ich beobachteten angespannt das Gelände, während unsere Gruppe weiterfrühstückte.

„Da ist was!" Uwe zeigte in den Wald. Irgend etwas bewegte sich dort, kam auf uns zu. Der Bär. In Windeseile griffen wir unsere Sachen, rannten wieder zum Ufer.

„Laßt uns am Damm keine Zeit verlieren. Es ist besser, wenn wir uns hier am Ufer Richtung Süden verziehen."

Wir sahen ihn nicht, aber wir spürten ihn. Hinter uns. Er folgte unserer Spur. Wir hörten das Knacken von Ästen hinter uns.

Angstschweiß bedeckte meine Stirn. Nach zehn Minuten erreichten wir wieder einen Biberdamm. Der aufgestaute Teich war etwa einen Meter tief. Vielleicht konnte dies den Bären stoppen? Wir beschlossen, den Damm wieder als Brücke zu benutzen. Eilig hasteten wir über den glitschigen Damm. Alex hatte das Glück, wieder abzurutschen und in den Teich zu sausen. Wir stoppten und halfen ihm aus dem Wasser. Dadurch verringerte sich unser Vorsprung. Dirk stand mit entsicherter Flinte am Ende des Dammes, während wir uns vorwärtsarbeiteten. Der Bär kam näher.

Dirk hatte gerade fünf Meter des Damms hinter sich, als der Bär am Ufer auftauchte. Er richtete sich auf – und blieb stehen. Als wir alle das gegenüberliegende Ufer erreicht hatten, drehte er sich um und verschwand.

„Ich glaube, er wollte uns nur sagen, daß wir verschwinden sollen", sagte Dirk und hängte sich das Gewehr wieder über die Schulter.

„Was er sagen wollte, ist mir egal. Ich jedenfalls will so schnell wie möglich zur Hütte zurück", sagte Sabine, und keiner widersprach ihr.

Die Strecke, für die wir am Vortage fünf Stunden benötigt hatten, schafften wir nun in drei Stunden. Der Schrecken saß uns noch in den Gliedern, trieb uns eilig vorwärts.

„Ihr seid aber früh zurück", sagte Inge zur Begrüßung.

Die Angst fiel von uns ab. Wir waren in Sicherheit. Zu Hause. Bei Kaffee und Kuchen erzählten wir Inge von unserem Abenteuer. Wir erzählten und mischten dabei ein bißchen Trapperlatein unter.

„Einen Meter vor mir richtete er sich auf...", sagte Dirk.

Was fröhlich begann ...

„Tiger hat mir vorhin seine erste Maus präsentiert und mir sein Opfer vor die Füße gelegt."

„Sag bloß, er hat nun begriffen, daß er nicht hier ist, um Libellen zu jagen."

„Das ist nicht fair. Tiger ist schließlich noch jung. Klar, daß er ein wenig Anlaufzeit benötigt."

Lautes Geheule und Gemaunze unterbrach unser Gespräch. Während wir uns über Tiger unterhalten hatten, war wieder einmal einer der Hunde, dieses Mal Amaroq, aus dem Zwinger ausgebüxt. Es waren ausnahmsweise nicht die Hühner, auf die sie es abgesehen hatte. Tiger schien ihr Interesse erregt zu haben, und sie jagte hinter ihm her, bis sich der kleine Kerl auf eine Fichte flüchten konnte. Es dauerte eine Weile, ehe wir Amaroq wieder eingefangen und in den Zwinger zurückgebracht hatten. Dann herrschte wieder Ruhe. Nur das klägliche Maunzen von Tiger war zu hören. Er wagte sich nicht mehr vom Baum. Die tiefsten Äste waren immerhin in einer Höhe von vier Metern. Darunter nichts als glatter Stamm. Rauf war Tiger in seiner Panik zwar ohne Probleme geklettert, runter aber schien ihm der Weg ungeheuer gefährlich. Inge erbarmte sich seiner und holte eine Leiter.

Es war ein warmer Julitag. Ein Tag des Abschieds. Am nächsten Morgen wollten Dirk, Sabine und Christiane nach Deutschland zurückkehren. Ihre Pflichten riefen sie zurück. Zum Abschied hatten wir ein großes Essen geplant.

Vierzehn Tage zuvor hatten wir sogar Wein für dieses Essen angesetzt. Ein Kilo Reis in einem Fünf-Liter-Steintopf, aufgefüllt mit lauwarmem Wasser. Dazu einige Eßlöffel Zucker, ein Teelöffel Hefe und ein Pfund Rosinen. Zwei Wochen hatte niemand von uns den Topf angerührt – nur zuweilen erstaunt geschaut, wenn das im Topf entstandene Gas für einen Moment den Steindeckel anhob und mit einem leisen „Plopp" aus seinem Gefängnis entwich.

Als wir am Abend alle um den Topf standen und der Deckel von Inge gelüftet wurde, blickten wir auf eine milchige Flüssigkeit. Am Boden befand sich dicke Maische. Mit einem großen Löffel schöpften wir von oben ab und gossen unseren „Wein" in unsere Emailletassen. Er schmeckte wie trockener Sherry und hatte die Stärke von leichtem, spritzigem Wein. Stark genug, um bei uns, die wir seit Monaten oder Wochen keinen Tropfen Alkohol getrunken hatten, für einen kleinen Schwips zu sorgen.

„Eine heische Zeit war dasch hier", nuschelte Dirk und begann darüber zu diskutieren, ob wir nicht noch in dieser für ihn letzten Nacht am Coghlan Lake mit dem Dach meiner Blockhütte beginnen sollten. Wir hatten diesen Teil der ursprünglich geplanten Arbeit immer noch nicht in Angriff genommen. Der zweimalige Bau der Sauna hatte uns zuviel Zeit gekostet.

„Laß man, nächstes Jahr ist auch noch Zeit dafür."

„Aber ich darf mitmachen."

„Wart's ab, Dirk. Vielleicht zieht es dich bis dahin ganz woanders hin."

Dirk wurde fast ein wenig wehmütig. Ihn befiel Abschiedsschmerz, den der Wein noch verstärkte. Eine Weile noch erzählte er uns, wie toll und wild und schön und aufregend Kanada sei, dann fiel er schnarchend in seinen Schlafsack.

Inge, Alex, Uwe und ich winkten den dreien am nächsten Morgen zum Abschied noch einmal zu, als sie in Joes Maschine Kurs auf Whitehorse nahmen. Dann bestimmte wieder der Alltag unser Leben. Die Tiere, Hunde, Hühner und Kaninchen mußten versorgt, der Garten gepflegt werden. Inge kochte und half uns bei den letzten noch notwendigen Holzarbeiten an der Sauna. Alex und Uwe unternahmen ab und zu kleinere Angeltouren auf dem Coghlan Lake.

Zwei Wochen später beschlossen Inge und ich, eine Kanutour zum Frank Lake zu unternehmen, quasi per Kanu unserer winterlichen Schlitten-Route zu folgen. Uwe und Alex wollten am Coghlan Lake bleiben. Am Vortag unserer Fahrt packten wir in der vom Winter gewohnten Manier Proviant in Nesselsäckchen. Zwei bis drei Tage sollte der Ausflug dauern, vorsichtshalber nahmen wir Verpflegung für eine Woche mit. Eingepackt wurden auch Kocher, Werkzeug, Reparaturmaterial, Gewehr, Angel, Zelt und regenfeste Kleidung.

Es war windstill, als wir am nächsten Morgen unser Gepäck ins Kanu packten. Der Himmel war nur leicht bewölkt, so daß immer wieder warme Sonnenstrahlen zur Erde gelangen konnten. Tiger folgte uns zum Bootssteg. Er hing sehr an Inge und folgte ihr oft auf Schritt und Tritt.

„Soll ich ihn mitnehmen? Schau, er sitzt da, als erwartet er, daß er mitkommen kann."

„Spinnst du, das meinst du doch nicht ernst?"

„Er kann doch unten bei meinen Füßen sitzen."

„Eine Katze im Boot – so ein Unsinn! Er wird die paar Tage auch ohne dich zurechtkommen."

Ich sagte das absichtlich etwas hart, um eine längere Diskussion zu vermeiden. Dennoch tat es auch mir leid, wie Tiger am Bootssteg sitzend erbärmlich miaute und uns traurig hinterherschaute.

Die erste Strecke bis zum Nordufer des Coghlan Lake war leicht bewältigt, da die Wasseroberfläche ruhig und glatt war. Wir paddelten in den kleinen Flußlauf des Frank Creek, der hier aus dem Coghlan Lake abfließt. In unregelmäßigen Abständen versperrten uns kleine, angestaute Biberseen und -dämme, die zwischen vierzig Zentimeter und anderthalb Meter hoch waren, den Weg. Es gab keine Möglichkeit, sie zu umfahren, so daß wir das Kanu über die Dämme schieben mußten. Hatten wir es zur Hälfte über die Holzbarriere geschoben, kippte es nach vorne

Biberdämme erschweren das Weiterfahren

über. Statt zu schieben, hieß es nun, das Kanu festzuhalten und langsam auf der anderen Seite des Dammes wieder zu Wasser zu lassen. Dann klemmten wir uns wieder hinter die Paddel. Es war ein ständiges Ein- und Aussteigen. Wegen der spitzen Steine am Flußgrund trugen wir Jagdstiefel.

„Meinst du nicht, daß wir die lästigen Hosen ausziehen sollten? Das Wasser reicht uns ja bis an die Hüften, unsere Klamotten werden doch total durchnäßt."

„Laß sie an, Inge. Du hast zwar recht, daß die Hosen feucht werden, aber durch die gummierte Regenhose kommt keine Luft an die Haut. So ist es zwar feucht, aber gleichzeitig warm. Wenn du die nackten Beine ins Wasser hältst, frierst du spätestens in einer Viertelstunde. Das Wetter ist heute nicht warm genug."

„Na gut", sagte Inge und krabbelte mit triefender Hose wieder ins Kanu.

Am Himmel verdichteten sich die Wolken zu einem undurchdringlichen Grau, aus dem erst tröpfchenweise, dann wie aus einer Dusche Wasser auf uns niederprasselte. Trotz Regenjacke drang die Feuchtigkeit nun nicht nur von unten, sondern auch von oben durch unsere Kleidung.

Triefend vor Nässe erreichten wir eine Strecke des Flußlaufes, die so flach und mit Steinen überzogen war, daß wir das Kanu teils tragend, teils zerrend vorwärtsbewegen mußten. Gut einen Kilometer hatten wir dieses Vergnügen. Die Tour begann an unseren Kräften zu zehren.

„Ich habe fast das Gefühl, mit dem Schlitten war es leichter."

„Übertreib nicht. Muß ich dich daran erinnern, daß du im Winter streckenweise total schlappgemacht hast?"

„Erinnere mich lieber nicht. Ich habe diese Episode meines Lebens aus meinem Gedächtnis gestrichen."

Was wir vor uns sahen, hätten wir am liebsten auch gleich gestrichen – mit einem dicken Rotstift. Etwa einen Meter war der Frank Creek jetzt breit, und etwa alle zehn bis zwanzig Meter wurde er von umgefallenen Bäumen, die wie Brücken von einer Seite zur anderen reichten oder mit ihrem Gestrüpp einen Holzwall bildeten, blockiert. Einige der Stämme konnten wir mit eingezogenem Kopf unterfahren. Über andere mußten wir das Kanu zerren. Kleine, dünne Stämme zersägte ich und machte uns so den Weg frei.

Die Tortur nahm kein Ende. Stamm folgte auf Stamm, und oben im Himmel schien jemand eimerweise Wasser auf uns auszuschütten.

„Konrad, ehrlich gesagt, mir langt es für heute. Außerdem ist es bald sieben Uhr. Laß uns aufhören für heute."

Ein kleiner Berghügel, windgeschützt durch einen dahinter stehenden Felsen, bot sich als Lagerplatz an.

Wir bauten unser Zelt auf und versuchten mit dem herumliegenden nassen Holz ein Feuer anzuzünden. Kein leichtes Unterfangen, das erst gelang, nachdem ich einige trockene Holzsplitter aus einem toten Baum geschnitten hatte. Das Feuer qualmte, aber es gab uns ein wenig Wärme und die Möglichkeit, nach dem Genuß eines heißen Tees und einer warmen Suppe unsere Kleidung ein wenig zu trocknen.

Dennoch war sie immer noch klamm, als wir am nächsten Morgen aus unseren Schlafsäcken krochen.

Eine Biberfamilie, die dieses Gebiet längst schon verlassen hatte, sorgte für die Plackerei, die wir als nächstes zu ertragen hatten. Mit einem zwanzig Meter langen und fünf Meter hohen Damm hatten es die Tiere geschafft, einen See aufzustauen, der sich weit in dem von bewaldeten Hügeln begrenzten Tal ausgebreitet haben mußte. Nachdem die Biber weggezogen waren, mußte sich das Wasser wieder durch den Damm gearbeitet und an einer Stelle der hölzernen Barriere den Durchbruch geschafft haben, so daß der angestaute See wieder hatte ablaufen können. Dieser Prozeß hatte die Landschaft verändert und unzählige Bäume zum Umstürzen gebracht, die nun kreuz und quer über dem verbliebenen Flußlauf lagen. Nach den Erfahrungen des Vortages beschlossen wir, das Gepäck aus dem Kanu zu räumen und so weit den Flußlauf hinaufzutragen, bis eine offene Stelle wieder eine längere Fahrt möglich machte. Wir mußten gut zwei Kilometer das Gepäck und anschließend das Kanu schleppen. Dann endlich konnten wir erschöpft und entnervt dem nun freien Flußlauf entlang weiter folgend Richtung Frank Lake paddeln.

Am Nachmittag erreichten wir einen Nebensee des Frank Lake. Die Sonne brach durch die Wolken. Unser Stimmungsbarometer stieg, und wir begannen das tiefe Blau des Sees, die dicht bewaldeten, dunklen Ufer mit freundlicheren Augen zu sehen und zu genießen.

Über eine Landzunge noch mußten wir das Kanu tragen, dann ließen wir es im Frank Lake ins Wasser.

„Hurra!" jauchzte Inge wie ein kleines Kind. „Wir haben es

Hier geht gar nichts mehr

geschafft, wir sind da! Ich hätte nicht gedacht, daß wir es doch noch schaffen. Jipiih!"

„Genieß dieses Gefühl, bevor wir uns auf den Rückweg machen", sagte ich trocken.

„Alter Miesepeter!" rief Inge heiter.

Wir lenkten das Boot über die Mitte des Sees auf das linke Ufer zu, wo sich eine kleine Lichtung als idealer Lager- und Zeltplatz anzubieten schien. Zuerst für unsere Augen noch verborgen, entdeckten wir während der Fahrt in einer weiten Bucht ein Wasserflugzeug. Inge winkte dem Piloten zu.

„Mensch, können wir den nicht bitten, Joe Bescheid zu sagen, daß er uns in ein paar Tagen hier abholen soll? Dann müssen wir nicht zurückpaddeln."

„Keine schlechte Idee."

Es war eine *Fly-in-Fishing*-Gruppe, die hier vom Flugzeug aus auf dem Frank Lake angelte. Wir berichteten ihnen von unserer Tour und stießen auf verständnisvolle Ohren, als wir sagten, daß wir uns die Rückfahrt mit dem Kanu gern ersparen würden.

„Okay. Wo schlagt ihr euer Lager auf?" fragte der Pilot.

„Da drüben auf der Lichtung."

„Gut, tragt das am besten in dieser Karte hier ein, und schreibt Joe ein paar Zeilen auf diesen Zettel. Ich gebe ihm dann beides, wenn wir wieder in Whitehorse sind. Wann wollt ihr abgeholt werden? In drei Tagen? Ich glaube kaum, daß es für Joe ein Problem ist, aber stellt euch vorsichtshalber darauf ein, daß er vielleicht erst am vierten Tag hier sein kann."

„Wir werden uns schon zu beschäftigen wissen."

„Was wollt ihr machen?"

„Ein bißchen die Gegend erforschen und fischen."

Das taten wir auch. Vor allem fischen. Eine Sache, die Inge bislang immer als todlangweilig empfunden hatte. Am Frank Lake änderte sie ihre Einstellung. Wir hatten in der Mitte des Sees vom Kanu aus unsere Blinker kaum aufs Wasser geworfen, da biß schon die erste Forelle auf den Haken. Und sie blieb nicht die einzige. Alle zehn Minuten hatten wir einen Fisch an der Angel. Inge jubelte und geriet – genauso wie ich – förmlich in einen Angelrausch. Fisch am Haken, zum Boot gezogen, betäubt, mit sauberem Schnitt getötet und ins Boot gelegt. Zu unseren Füßen stapelten sich Hechte und Forellen.

„Wieviel dürfen wir eigentlich fangen? Das ist doch irgendwie gesetzlich vorgeschrieben."

„Stimmt. Fünf Fische pro Art und Tag. Für den eigenen Verzehr. Erst wenn die gegessen oder gelagert sind, darf erneut geangelt werden."

„Wie viele haben wir?"

„Wir sind hart an der Grenze."

„Oh, sollten wir dann nicht aufhören?"

„Was denkst du?"

„Es läuft gerade so gut. Außerdem ist das sicher nur deshalb gesetzlich so geregelt, weil der Staat verhindern will, daß die Seen überfischt werden? Das dürften wir wohl kaum schaffen bei dem Fischreichtum in diesem See."

Wir machten weiter. Auch am nächsten und übernächsten Tag. Abends bereiteten wir uns einen Teil unserer Ausbeute als delikates Forellenfilet zu, den Rest nahmen wir aus und hängten ihn zum Trocknen auf eine zwischen zwei Bäumen gespannte Leine.

Angel, Forellen und Hechte hielten uns in ihrem Bann. Wir fühlten uns frei und glücklich auf dem See und hatten dazu noch das gute Gefühl, unseren Speisezettel für die nächsten Wochen zu bereichern. Nur einen halben Tag ließen wir vom Fischen ab. Inge hatte auf einer kleinen Insel mitten im See einen Weißkopfseeadler entdeckt, der dort seinen Horst hatte. Behutsam und vorsichtig, um die Tiere nicht zu beunruhigen, paddelten wir zur Insel und kletterten auf einen kleinen Hügel gegenüber dem Horst. Dicht ins Gras gedrückt und durch Tannen geschützt, beobachte-

Petri Heil! Das war allerdings des Guten zuviel

ten wir den jungen Adler im Nest. Mutter Seeadler kreiste trotz unseres vorsichtigen Heranschleichens aufgeregt über unseren Köpfen.

„Komm", flüsterte Inge, „laß uns schnell wieder verschwinden, die fühlen sich doch gestört. Ich wollte nur einmal den Horst eines Weißkopfseeadlers sehen. So etwas wird mir so schnell sicher nicht mehr unter die Augen kommen."

Geduckt schlichen wir zum Kanu und widmeten uns wieder unserer Hauptbeschäftigung – dem Fischen. Wir entfernten uns nun nicht mehr zu weit von unserem Lagerplatz. Drei Tage waren vergangen, und wir rechneten jeden Moment mit Joes Ankunft.

Erst am nächsten Morgen aber hörten wir das Brummen des Flugzeugs. Wir saßen gerade gemütlich vor unserem Zelt im warmen Sonnenschein und frühstückten. Beim Klang der Flugzeugmotoren stieg unsere Stimmung noch höher. Gott sei Dank! Die anstrengende Rückfahrt mit dem Kanu würde uns erspart bleiben.

Joe mußte in der Nachbarbucht gelandet sein. Das Flugzeug war nicht mehr zu sehen. Wir aßen fröhlich weiter. Dann bog eine „Cessna" in unsere Bucht, glitt auf der Wasseroberfläche direkt auf uns zu.

„Das ist nicht Joe. Verdammt, die *Fishery Officers*!"

Ich drehte mich um und blickte auf unsere Leine hinter dem Zelt: 102 Fische – und es war zu spät, sie zu verstecken! Ich zählte im Kopf nach: Nein, wir hatten nicht zuviel gefischt.

„Konrad Gallei?"

„Yes, Sir."

Der Officer deutete nur leicht auf das in seinen Augen schreckliche Beweismaterial auf der Leine. Mit eiskalter Stimme teilte er uns mit, daß alle Fische, das Kanu, die Angelgeräte und das Gewehr beschlagnahmt seien.

Ich schrumpfte innerlich zusammen. Fühlte mich wie ein kleiner, hilfloser Junge, der von seinem Vater bei einem dummen

Jungenstreich erwischt wird. Nur, diese Sache hier war ernster.

„Sie haben überfischt. Die Tiere sind nicht ordnungsgemäß gelagert!"

Straffällig im Ausland! Was würde das für Folgen haben? Es hatte keinen Zweck, mit ihnen zu diskutieren. Sie sahen so unerbittlich aus.

„Wie kommen wir zu meinem Land zurück, ohne Kanu?"

„Wir fliegen Sie hin. Und verlassen Sie Ihr Grundstück nicht – bis Sie die Vorladung vom Gericht erhalten."

Ach, du liebe Zeit!

Uwe und Alex standen schon mit trüben Gesichtern am Bootssteg, als die Maschine landete. Die *Fishery Officers* hatten erst am Coghlan Lake gestoppt und nach uns gefragt, ehe sie zum Frank Lake weitergeflogen waren. Irgend jemand mußte ihnen einen Tip gegeben haben, daß wir möglicherweise am Frank Lake einen „Fehler" machten.

Vierzehn Tage später standen Inge und ich vor Gericht.

Inge hatte am Coghlan Lake bereits ihre Zelte abgebrochen. Sie wollte nach der Verhandlung sofort nach Berlin zurückfliegen. Ihr Visum war nur noch für eine Woche gültig. Es würde sich nicht lohnen, für die wenigen Tage noch einmal den Flug zum Coghlan Lake und zurück nach Whitehorse zu zahlen.

Sie war traurig, als sie ihre Sachen packte. Fast zehn Monate hatte sie hier die meiste Zeit ausgesprochen glücklich verlebt. Tiger saß, während sie ihre Sachen zusammenräumte, auf ihrem Schlafsack. Er schien zu spüren, daß sie ihn verlassen wollte.

„Nimm ihn doch mit", sagte ich, als ich die traurigen Augen der beiden sah. Inge strahlte.

Sie strahlte nicht mehr bei der Verhandlung. Begleitet von einer Anwältin aus Whitehorse, standen Inge und ich vor dem gestrengen Richter, der keine Miene verzog. Ich kam mir vor wie in einem alten amerikanischen Film. Der Richter in schwarzer

Robe und mit weißer, lockiger Perücke. Hinter uns Einwohner von Whitehorse, die sich die öffentliche Sitzung über zwei Deutsche, die wegen Überfischung angezeigt waren, nicht entgehen lassen wollten. Blitzlichter der Presse leuchteten kurz auf. Wir ahnten, daß wir am nächsten Tag einen langen Zeitungsartikel abgeben würden. Breitbeinig flankierten uns zwei Polizisten.

Zu Wort kamen wir nicht. Für das Gericht war die Sachlage klar. Wir hatten eindeutig zu viele Fische aus dem See geholt. Sowohl Kanadier als auch Ausländer dürfen pro Tag und pro Person fünf Fische je Art angeln. Soweit hatten wir uns korrekt verhalten. Nachdem aber die erlaubte Menge für zwei Tage erreicht ist, darf erst dann wieder gefischt werden, wenn die geangelten Fische verspeist oder zu Hause, am ersten Wohnsitz des Fischers, ordnungsgemäß gelagert sind. Der Frank Lake aber, so formulierte der Richter kurz und knapp, war nicht unser Wohnsitz. Wir hätten nach zwei Tagen zum Coghlan Lake zurückfahren und die Fische dort lagern müssen. Dann erst hätten wir am Frank Lake erneut den Köder auswerfen dürfen.

Der Strafbestand des Fischereivergehens war eindeutig und klar. Eindeutig auch das Urteil, das Inge und ich zitternd vor Aufregung entgegennahmen. 500 Dollar Strafe für mich, 250 Dollar Strafe für Inge. Das Geld war binnen zwei Wochen dem Richter bar auf den Tisch zu legen, ansonsten drohten uns vierzehn Tage Haft.

Inge schluckte. Ich wußte, daß sie diesen Betrag nicht zur Verfügung hatte, und sprang für sie ein. Am Abend versuchten wir uns gegenseitig zu trösten. Wir hatten uns immer noch nicht beruhigt.

„Wenn du nicht den Betrag für mich übernommen hättest, wäre ich wohl hinter Gittern gelandet. Glaub mir, ich habe mich die ganze Zeit über in der Wildnis nicht so gefürchtet wie hier vor dem Richter."

„Ich werde das auch nie vergessen. Ich habe vorhin einmal

überschlagen, wieviel Kosten insgesamt auf mich zukommen. Ich weiß noch gar nicht, wie ich die tragen soll."

„Wieviel ist es insgesamt?"

„Die Geldstrafe, fünfhundert Dollar Anwaltskosten, Gerichtskosten, Rücktransport des Kanus, der Flug hierher nach Whitehorse, der notwendige Kauf einer neuen Angelausrüstung, da wir die alte ja nicht zurückbekommen – insgesamt an die zwölftausend Mark."

„Mein Gott, und das alles, weil wir uns nicht bis ins kleinste informiert haben. Wo willst du das Geld hernehmen?"

„Ich habe noch keine Ahnung. Auf meinem Konto hier ist ja kaum noch etwas drauf. Ich werde mit Berlin, mit meiner Familie, telefonieren müssen. Die Zahlungsfrist ist so kurz, daß ich auf Hilfe angewiesen bin."

Es war ein trauriger Abschied am nächsten Morgen. Ich hätte Inge gerne noch eine Weile am Coghlan Lake gehabt und spürte, daß auch ihr der Abschied schwerfiel.

In meinem Kopf suchte ich nach einem Ausweg aus meinen finanziellen Nöten. Freiheit der Wildnis – so schnell konnte sie vorbei sein. Nachdenklich flog ich zum Coghlan Lake zurück.

Alex und Uwe gingen mir die nächsten Tage aus dem Weg, ließen mich in Ruhe nachdenken und nach einer Lösung meiner Probleme suchen.

Ich war leer und frustriert, registrierte kaum noch die Schönheit der Landschaft um mich herum. Der *Indian Summer* hatte begonnen, hatte alles in goldene, rote und gelbe Farben verwandelt. Ich nahm es kaum wahr. Ich spürte kaum die *black flies*, die winzigen, schwarzen Fliegen, die nun, da die Mücken sich zurückgezogen hatten, über uns herfielen. Ich registrierte ihre Stiche nicht, mit denen sie kleine Wunden in die Haut rissen, die später zu eitern beginnen sollten. All das kümmerte mich in diesem Augenblick nicht.

Das „Vergehen“ und die Verurteilung machten mir sehr zu schaffen. Glücklicherweise konnten mir meine Eltern in Berlin aus der finanziellen Klemme helfen. Zwei Wochen nach dem Urteil legte ich dem Richter das Geld bar auf den Tisch. Offiziell war die Sache damit erledigt.

Ich brachte Alex zum Flughafen, der nun auch nach Berlin zurückkehren mußte. Wieder ein Abschied, der schwerfiel.

In meinem Postfach lag ein Brief und ein Paar selbstgestrickter Handschuhe von Inge für mich.

„Ich bin“, schrieb sie, „immer noch hier, obwohl ich vorgestern schon abfliegen wollte. Der Grund: Tiger war verschwunden. Er hatte sich mit seiner Freundin hier auf dem Campingplatz aus dem Staub gemacht und war zwei Tage verschollen. Ob du es glaubst oder nicht – ich wollte ohne ihn nicht abfliegen und habe umgebucht. Hat sich gelohnt. Ich habe Tiger vor einer Stunde neben einem Zelt am Ende des Campingplatzes gefunden, tief versunken in Essensreste von Touristen. Morgen geht es also endgültig nach Hause. Bin wohl schon in Berlin, wenn Du diesen Brief liest. Mach's gut. Ich ruf Dich an. Inge“

Das war typisch Inge. Für Tiger hatte sie sogar ihren Flug verschoben. Ein wenig aufgeheitert durch diese Geschichte, flog ich zu meinem Land zurück.

Uwe und ich, die beiden übriggebliebenen Blockhüttenbewohner, genossen den Herbst, der sich inzwischen in einer unbeschreiblich schönen Farbenpracht entfaltet hatte. Die Tage wurden jetzt schon kälter und kürzer. Wir saßen oft lange Stunden am Ofen in der Hütte, plauschten über Gott und die Welt, schnitzten Löffel und Schalen.

„Du bist unruhig, Konrad, nicht wahr?“

„Ja, ich habe das Gefühl, als sollte ich nach Berlin fliegen und erst einmal dafür sorgen, daß meine Eltern so schnell wie möglich das geliehene Geld zurückbekommen. Ich glaube, vorher kann ich hier nicht in Ruhe weitermachen.“

„Dann flieg doch nach Berlin."

„Und meine Tiere hier? Wer soll die versorgen?"

„Wenn du willst, bleibe ich noch einige Wochen hier. Ich habe viel Zeit – und auch Lust dazu. Du kannst dann in Ruhe in Berlin schauen, ob du jemanden findest, der mich ablöst und hierbleibt, bis du mit deinen Problemen überm Berg bist."

Ich nahm Uwes Angebot an. Sechs Tage später schon trugen wir die Kisten mit meinen persönlichen Habseligkeiten zum Steg, wo das Flugzeug wartete. Noch ein letzter Rundgang, stiller Abschied von den Tieren, den Hühnern, Kaninchen und Hunden. Ein letzter Blick in die Hütte. Dann stieg ich ins Flugzeug, winkte Uwe noch einmal zu, der nun einsam am Bootssteg stand. Nach dem Start drehte Joe mit seiner Maschine ein letztes Mal einen großen Kreis über meinem Land, dann nahm er Kurs auf Whitehorse. Ich blickte zurück auf die grüne Halbinsel, auf die alte Blockhütte, die Sauna, das große Blockhaus, den Garten, die Tiergehege – sie wurden immer kleiner, immer undeutlicher, schließlich waren sie aus meinem Blickfeld entschwunden.

So long, Coghlan Lake!

Reisetips

Yukon Territory

Das Yukon Territory, ursprünglich ein Distrikt der Northwest Territories, erhielt seinen Namen vom Yukon River. Die Indianer nannten ihn „Yuchoo", was soviel bedeutet wie „Großer Fluß". Begrenzt von Alaska im Westen, den Northwest Territories im Osten und British Columbia im Süden umfaßt das Gebiet heute 487 000 Quadratkilometer und ist somit etwa zweimal so groß wie die Bundesrepublik. Das Gebiet ist sehr dünn besiedelt. Es zählt nur 24 000 Einwohner, davon sind etwa 7000 Indianer.

Geschichte und Wirtschaft

Lange bevor die ersten weißen Siedler, Händler, Forscher, Missionare und Goldsucher in das heutige Yukon Territory vordrangen, kämpften hier in diesem subarktischen Gebiet Indianer der Athapasken-Sprachgruppe ums Überleben. Archäologen datieren die erste Besiedlung des nördlichen Yukon auf die Zeit vor 50 000 Jahren. Sie vermuten, daß die Vorfahren der heutigen Yukon-Indianer von Asien her in das Gebiet einwanderten. Diese Indianer der Athapasken-Sprachgruppe gelten als die frühesten Indianer Nordamerikas. Von ihnen spalteten sich später die Vorfahren der Navajos und der Apachen ab.

Das Leben im Yukon war für die ersten Indianer mit ungeheuren Schwierigkeiten verbunden. Das Klima, extrem und rauh, ließ eine üppige Entfaltung der Pflanzen- und Tierwelt nicht zu, so daß ein Zusammenleben in großen Stammesgruppen unmöglich war. Die Athapasken-Indianer siedelten daher in kleinen Familiengruppen in Gebieten, in denen sie genug Nahrung fanden. Sie durchwanderten die Tundra und folgten den Spuren der Karibu-

Herden und Elche – Hauptlieferanten ihrer Nahrung und Kleidung. Im Sommer ließen sich die Athapasken oftmals an den Flüssen nieder und lebten vom Fischen der reichlich vorhandenen Lachse, Forellen, Hechte und Weißfische.

Das Leben der Athapasken-Indianer veränderte sich mit dem Eindringen des weißen Mannes in das Yukon-Gebiet. Um 1840 faßte dort die Hudson's Bay Company Fuß. Die große Einwanderungswelle aber begann mit den ersten großen Goldfunden.

Am 17. August 1896 durchschnitt ein Ruf die Stille des Klondike Valleys. „Gold!" riefen George Washington, Carmack und seine indianischen Begleiter Tagish Charlie und Skookum Jim. Der Ruf hallte wider im gesamten Yukon, in Alaska und in den Vereinigten Staaten. Tausende von Goldsuchern machten sich auf zum Klondike. 1898, als der Yukon ein eigenständiges Territory Kanadas wurde, erreichte der Goldrausch einen ersten Höhepunkt. Dawson City wurde die Hauptstadt des Gebiets. Anfangs nur eine Siedlung aus Zelten und Baracken, war es 1900 die größte Stadt westlich von Winnipeg und nördlich von San Francisco. Das „Paris des Nordens" rühmte sich, seinen 35 000 Einwohnern Komfort wie Elektrizität, fließendes Wasser, drei Krankenhäuser, Hotels, Restaurants mit guter Küche und Filmtheater bieten zu können.

Bis 1903 war für über 96 Millionen Dollar Gold aus den Flüssen geschürft worden. Einige wenige Glückliche wurden Millionäre, die meisten aber kehrten mit leeren Taschen dahin zurück, von wo sie gekommen waren. Die Goldfunde wurden dürftiger und dürftiger, und Klondike Valley fiel wieder in seinen Schlaf, in seine Ursprünglichkeit zurück. Auch die Indianer, die während des Goldrausches begonnen hatten, als Händler, Dolmetscher oder Baumfäller zu arbeiten, nahmen ihre traditionelle Lebensweise wieder auf.

Der Bau des „Alaska-Highways" brachte den Athapasken-Indianern 1942 wiederum kurzzeitig Brot und Lohn. Aber er brachte auch Fremde und mit ihnen Krankheiten, gegen die die Athapasken nicht immun waren. Hunderte starben durch Epidemien, die in der indianischen Bevölkerung grassierten. Über 25 000 Soldaten und Zivilisten arbeiteten an dieser 1523 Meilen langen Straße, die heute Alaska mit den Vereinigten Staaten verbindet. Endpunkte sind Dawson Creek und Fairbanks/Alaska. Die ursprünglich als „Alcan Military Highway" bezeichnete militärische Nachschubstraße wurde 1947 zur allgemeinen Benutzung freigegeben. Sie ist heute ein vielbefahrenes Verbindungsstück zwischen den großen Industrieregionen Kanadas und der USA und den Natur-Ressourcen des Yukon und Alaskas. Stolz sind die Yukoner auch auf den 1979 fertiggestellten 451 Meilen langen „Dempster Highway" von Dawson nach Innuvik. Dank dieses Highways ist Kanada das einzige Land, das per Straßen mit drei Meeren verbunden ist: mit der Beaufort-See, dem Beringmeer und dem Golf von Alaska.

Auch Yukons Indianer erkannten die Bedeutung der Highways und errichteten an ihnen Gemeinden wie Teslin, Champagne und Pelly Crossing.

Die indianische Bevölkerung zählt heute etwa 7000 Personen. Viele sind im *modern way of life* integriert, versuchen aber, ihre alten Traditionen weiter zu bewahren. Sprache und mündliche geschichtliche Überlieferung sowie das indianische Kunsthandwerk werden von jung und alt gepflegt. Typisch sind vor allem Leder- und Perlenarbeiten, die Herstellung von Kanus und dem bekannten Yukon-Parka. Dieser besteht aus zwei ineinandergelegten Mänteln. Innen ein Mantel aus Wolle, außen einer, der wasserdicht und windundurchlässig ist. Traditionelle indianische Muster geben ihm einen besonderen Stil.

Es klingt, als sei die Welt im Yukon Territory in Ordnung. Dies zu behaupten wäre aber nur ein Teil der Wahrheit. Die ökonomische Basis im Yukon bildet der Bergbau. Gefördert werden auch heute noch vor allem Silber, Blei, Zink und Gold. Diese Industriezweige können aber ein Ansteigen der Arbeitslosigkeit nicht verhindern, so daß einige Gebiete eine hohe Abwanderungsquote verzeichnen. Es sind vor allem Indianer, die von der Arbeitslosigkeit betroffen und auf die Sozialhilfe des Staates angewiesen sind.

Zur zweitgrößten Industrie hat sich inzwischen der Tourismus entwickelt, von dem sich vor allem die nördlichen Regionen viel erhoffen. Etwa 400 000 Touristen bereisen den Yukon jährlich.

Immer noch von Bedeutung ist der Pelzhandel, das älteste Gewerbe im Yukon.

Klima

Sowohl Inge als auch ich haben auf meinem Land am Coghlan Lake die Tiefsttemperatur von minus 61,5 Grad Celsius erlebt. Die tiefste Temperatur, die jemals in Nordamerika registriert wurde, liegt bei minus 62,3 Grad Celsius und wurde in Snag im Yukon gemessen. Die „Tourism Yukon" gibt an, daß die Temperaturen im Dezember und Januar auf minus 20 bis minus 40 Grad Celsius absinken können. Die offiziellen durchschnittlichen Tiefsttemperaturen liegen im Dezember bei minus 21, im Januar bei minus 25 Grad Celsius. Die genannten Temperaturen sind trotz ihrer extremen Tiefe leichter zu ertragen, als es scheint, da die Luft sehr trocken ist.

Juni bis September sind mit durchschnittlichen Höchsttemperaturen von plus 18 bis plus 20 Grad Celsius die von den Touristen gefragtesten Monate. Interessant sind diese Monate auch wegen ihrer Tageslänge. In Whitehorse scheint die Sonne im Juni ungefähr 20 Stunden. Im Juli rechnet man mit ca. 18 Stunden Tageslicht. Die Wintertage sind dementsprechend kurz.

Die Wetterverhältnisse sind von extremen Gegensätzen geprägt. Dies gilt auch für die Jahreszeiten mit langem Winter und Sommer, aber sehr kurzem Frühling und Herbst.

Das Polarlicht *(aurora borealis)* sieht man am häufigsten im Frühjahr und im Herbst. Dieses seltsame Farblichtspiel erklärt sich dadurch, daß Sonnenelektronen mit hoher Geschwindigkeit in das magnetische Feld der Erde eindringen und beim Zusammenprall mit atmosphärischen Gaspartikeln Energie freisetzen.

Natur

Kanadas Tierwelt ist unglaublich mannigfaltig, auch weit oben im Norden. In dem Gebiet nördlich von Whitehorse bin ich auf Grizzlies getroffen, die sich zum Beispiel nördlich des Coghlan Lake am Frank Creek aufhalten. Sie können eine Widerristhöhe von 1,10 m erreichen und gut 380 kg wiegen. Trotz dieses Gewichtes sind sie enorm schnell und erreichen Geschwindigkeiten bis zu 50 km/h. Gut erkennbar sind ihre Trampelpfade, die „Highways in der Wildnis". Man sollte diesen Tieren möglichst aus dem Weg gehen, da sie unberechenbar und gefährlich werden können, wenn sie sich gestört fühlen. Zur Nahrung dieser Allesfresser gehören neben Beeren und Wurzeln auch kranke oder junge Elche, Eichhörnchen und Mäuse.

Am Coghlan Lake haben wir Biber, Otter, Elche und Stachelschweine beobachten können. Im Winter tauchten ab und zu Wölfe auf. Luchs und Puma haben in der Nähe meiner Hütte nur Fußspuren hinterlassen.

Bei unserer Kanufahrt entdeckten Inge und ich Weißkopfseeadler. Das Wappentier der USA hat eine besondere Vorliebe für Lachse.

Der Wald auf meinem Grundstück am Coghlan Lake besteht vor allem aus Fichten und einigen Birken und Pappeln. Obwohl die dichten Wälder den kleineren Pflanzen das Licht nehmen und der nur bis auf einen Meter auftauende Tundraboden das Wachstum erschwert, kann man eine Reihe bunter Farbflecken entdekken, wenn man mit offenen Augen durch das Land streift. Am häufigsten anzutreffen ist das lila *Fireweed*, Nationalpflanze des Yukon. Daneben gedeihen violette Küchenschellen und roséfarbene Heckenrosen mit vier Blütenblättern. Außerdem haben wir entdeckt, daß wir nicht nur in einem Bären-, sondern auch Beerengebiet lebten. Preisel-, Blau-, Seifen- und Krähenbeeren konnten wir eimerweise sammeln, ebenso ernteten wir auch reichlich Hagebutten.

Whitehorse

Whitehorse, seit 1953 Hauptstadt des Yukon, ist mit 420 Quadra kilometern die flächenmäßig größte Stadt des kanadischen No dens. Ihren Namen erhielt die Stadt von den nahen Stromschne len des Yukon. Das schäumende Wasser ähnelt dort den wallen den Mähnen von Schimmeln. Ab 1887 war der Name *Whit Horse Rapids* allgemein gebräuchlich.

Die Stadt Whitehorse verdankt ihr Entstehen dem Klondike-Goldrausch 1898. Als Zeltstadt war sie anfangs Ausgangspunkt für Goldsucher, die auf dem Wasserweg zu Tausenden nach Norden zogen, um ihr Glück zu machen.

Noch heute erinnert das „S. S. Klondike Riverboat" an diese Zeit. Es steht am westlichen Ufer des Yukon, der die Stadt durchfließt, und kann von Touristen besichtigt werden. Viele der heutigen 16 000 Einwohner der Stadt leben auch jetzt noch von der „Goldsuche", allerdings nicht als einsame Goldschürfer, sondern als Angestellte in den Minen, die weit außerhalb der Stadt liegen. Daneben ist Whitehorse heute vor allem noch Durchgangspunkt nach Norden – auch für Touristen. Diesen bietet die Stadt einige Sehenswürdigkeiten aus ihrer stürmisch verlaufenen, relativ jungen Geschichte: neben dem „Klondike Riverboat" erinnern einige alte, mehrstöckige Holzhäuser an die Zeit des Goldrausches, und Touristen wird nicht nur der Besuch alter Goldminen, sondern auch eigenhändiges Goldschürfen ermöglicht.

14 9433-14

Anreise

Für die Einreise nach Kanada genügt für Bundesbürger der gültige Reisepaß. Ein Visum ist nicht erforderlich. Allerdings muß der Besucher über ausreichende Geldmittel für den Aufenthalt im Land verfügen. Die Rückkehr ins Heimatland muß durch einen Rückflugschein oder ähnliches gewährleistet sein.

Die unkomplizierteste Art, von der Bundesrepublik in den Yukon zu gelangen, ist die Reise mit dem Flugzeug. Die British Airways fliegt über London nach Vancouver. Von dort ist ein Weiterflug nach Whitehorse möglich. Die CP Air bedient diese Strecke täglich.

Wer wie ich Hunde oder Katzen nach Kanada einführen möchte, muß bei der Ankunft eine amtstierärztliche Bescheinigung über eine mindestens einen Monat und höchstens ein Jahr zurückliegende Tollwutimpfung vorlegen. Andernfalls müssen die Tiere mindestens einen Monat in Quarantäne.

Um von Whitehorse aus in den „Busch", die Wildnis, zu gelangen, bieten sich die Fluggesellschaften Trans North Air (Helikopter) und Air North (Flugzeuge) an. Diese Gesellschaften fliegen kurzfristig nach Absprache – wenn die Wetterbedingungen es zulassen. Als Einzelperson mit Gepäck kostete mich ein Flug mit einer „Cessna" von Whitehorse zum Coghlan Lake ca. 200 kanadische Dollar. Die Preise schwanken. Bei zwei Personen mit schwerem Gepäck muß bereits eine „Beaver", ab fünf Personen eine „Otter" eingesetzt werden – was entsprechend teuer wird.

In Whitehorse selbst habe ich mich meist mit einem Mietwagen fortbewegt. Pro Tag kostet das je nach Größe des Wagens zwischen 37 und 45 Dollar. Viele Autovermietungsfirmen geben ihre Wagen übrigens nicht an Personen unter 21 Jahren ab. In jedem Fall ist neben dem nationalen auch der internationale Führerschein erforderlich.

Grenzen der Freiheit

„In Amerika hat jeder ein Schießeisen im Haus" – ganz so einfach ist es zum Glück doch nicht. Für Ausländer ist es in Kanada äußerst schwierig, eine Waffe zu kaufen. Voraussetzung ist ein polizeiliches Führungszeugnis mit notariell beglaubigter Übersetzung in englischer oder französischer Sprache. Selbst damit dauert es noch mindestens ein bis zwei Monate, ehe von der zuständigen kanadischen Behörde eventuell die Erlaubnis erteilt wird. Die Tatsache, daß ich relativ schnell den zum Kauf einer Waffe notwendigen Waffenschein erhielt, erklärt sich damit, daß ich permanent auf meinem kanadischen Grundstück – nahe einem Bärengebiet – gelebt habe und gleichzeitig bereits meine Einwanderungspapiere beantragt hatte. Obwohl sich die gesetzlichen Regelungen und Bestimmungen ständig ändern, sollte man grundsätzlich davon ausgehen, daß man als einfacher Tourist in Kanada keine Waffe kaufen kann. Auch die Einfuhr von Waffen ist äußerst eingeschränkt, wobei einige Jagdgewehre ausgenommen sind.

In Kanada darf ohne behördliche Genehmigung nicht gejagt werden. Auf Antrag werden manchmal Jagdlizenzen ausgestellt, die jeweils nur für die zuständige Provinz Gültigkeit haben. Vor Ort wird auch der Angelschein ausgestellt. Es empfiehlt sich, genaue Informationen über die örtlichen Angelbestimmungen einzuholen, die sehr streng sind und in jedem Fall eingehalten werden müssen!

Die *Fishing Licence* wird in fast allen Sportartikel-Geschäften ausgestellt, die *Hunting Licence* erhält man beim Yukon Government Wildlife Office.

Wer im Sommer in die Wildnis ziehen will, muß sich unbedingt von der Royal Canadian Mounted Police (RCMD) oder der Forstbehörde eine Feuergenehmigung ausstellen lassen. Freies Campen bedarf ebenfalls der Genehmigung der zuständigen Behörde (RCMP, Wardens).

Überlegungen vor dem Einpacken

Wer in die Wildnis fährt, sollte sich eigentlich darüber klar sein, daß eine falsche Ausrüstung unangenehme, manchmal fatale Folgen haben kann.

Kleidung und Ausrüstung müssen den Bedingungen, die in der Wildnis herrschen, angepaßt sein. Die Aktivitäten, die man zu unternehmen gedenkt, und der eigene Körper spielen ebenfalls eine wichtige Rolle. Über diese drei Dinge sollte man sich genauestens im klaren sein. Mich erstaunt es in diesem Zusammenhang immer wieder, daß viele Menschen dazu neigen, ihren eigenen Körper zu überschätzen, beziehungsweise nicht abschätzen können, wie sie unter extremen Bedingungen reagieren. Subjektive Körperreaktionen aber müssen unbedingt berücksichtigt werden: Körpergewicht, Konstitution, Stärke der Transpiration bei Belastung, Stabilität des Kreislaufs, Belastung durch Nikotin sind Faktoren, die bedacht werden müssen. Die Erfahrungen, die ich gemacht habe und die ich hier weitergebe, können daher nicht allgemeingültig sein.

Es ist sehr verlockend, sich im Hochsommer im Yukon mitten auf einem See in einem Kanu aller Kleidung zu entledigen. Sobald man aber in Ufernähe kommt, sollte man seinen Körper schnellstens wieder verhüllen, wenn man nicht Opfer der Myriaden von Mücken oder – ab August – der *Black-Flies* werden will.

Sommerliche Durchschnittstemperaturen von plus 20 Grad Celsius verheißen angenehme Wärme. Bei stärkerem Wind aber oder in der Nacht, wenn die Temperaturen auf plus drei Grad Celsius absinken können, spürt der Betroffene meist recht schnell, ob er die richtige Kleidung eingepackt hat. Wichtig ist nicht, daß man sich warm anzieht, sondern daß man sich richtig anzieht. Zu dick eingepackt, gerät man schnell ins Schwitzen, wenn man körperlich hart arbeitet. Die Folge: feuchte Kleidung – Verdunstungskälte – Unterkühlungsgefahr bei bereits plus 15 Grad Celsius!

Beste Erfahrungen habe ich daher mit dem „Helly-Hansen-Drei-Lagen-System" gemacht. Kleidungsstücke in drei Lagen, die je nach Situation problemlos aus- und wieder angezogen werden können. Die erste Lage oder erste Schicht bildet die Lifa-Polypropylen-Unterwäsche. Sie umschließt den Körper wie eine zweite Haut. Dabei nimmt die Faser selbst keine Feuchtigkeit auf und transportiert den Körperschweiß von der Haut weg zur zweiten Lage. Trocknender Schweiß entzieht dem Körper so keine Wärme. Verlust der Körperwärme muß nicht kompensiert werden, Energiereserven werden nicht unnötig angegriffen. Faserpelz bildet die zweite Lage. Durch ihre Dichtigkeit und die zwischen den Polyamid-Fasern gespeicherte Luft liefert sie den allergrößten Isoliereffekt. Diese wasserabweisende Kleidung transportiert die Feuchtigkeit zur dritten Lage und bildet eine Art Wärmepuffer. Sie sollte nicht zu eng anliegen, sondern locker den Körper umspannen.

Als dritte Lage habe ich mit der „Fjäll-Räven-Grönlandhose" und der „Rävenjacke" beste Erfahrungen gemacht. Beide sind strapazierfähig und mit genügend großen Taschen ausgestattet. Vor allem aber sind sie wind-, wasser- und mückendicht und dabei doch atmungsaktiv. Hose und Jacke sind mit dem umweltfreundlichen Grönlandwachs, hergestellt aus Bienenwachs und Paraffin, imprägniert. Wer unter kleinen Zipperlein leidet, empfindlich ist im Nieren- oder Beckenbereich oder häufig von Hexenschuß geplagt ist, sollte auch im Sommer im Yukon nachts nicht auf hundertprozentig reine Angora-Unterwäsche verzichten.

Als Schuhwerk empfiehlt sich im Yukon ein ordentliches Paar Stiefel. Es gibt in diesem Gebiet zwar keine Schlangen, aber dichtes Unterholz und dorniges Gestrüpp. Mir haben die Alaska-Jagdstiefel von „Caravan" sehr gute Dienste geleistet. Das Fußteil ist aus Leder mit Neoprengummiüberzug, die Zunge verschlossen. Sie sind somit bis zum Schaftrand wasserdicht. Gleichzeitig sind sie butterweich und somit ausgesprochen angenehm zu tragen. Für reine Kanu- und Angeltouren bieten sich dagegen auch Watgummistiefel an, die bis zu den Hüften reichen und am Gürtel befestigt werden.

Im Winter habe ich eine grundsätzlich andere Kleidungskombination verwendet, da ich der Meinung bin, daß Temperaturen ab minus 20, 30 Grad Celsius nur reine Naturprodukte widerstehen können.

Ich selbst habe bei extremen Situationen „Nickl"–Schurwollunterwäsche mit langen Armen und langen Beinen getragen sowie Schurwoll-Kniebundstrümpfe. Für besonders empfindliche Menschen empfiehlt sich reine Angora-Unterwäsche. Darüber ein locker getragenes Baumwoll-Flanellhemd sowie eine „Fjäll-Räven-Hunterhose". Sie hat ein Innenfutter aus Baumwolle, so daß zwei dünne Stoffhäute über der Unterwäsche lagern.

Außerhalb der Hütte habe ich zusätzlich einen Schurwollpullover aus unentfetteter Naturwolle getragen sowie als Schnee- und Windschutz die „Fjäll-Räven"-Windhose „Polar-Expedition" und den dazugehörenden Anorak. Diese Kombination sollte den Körper nicht eng umschließen. Sie ist bewußt so konzipiert, daß bei Extremtemperaturen darunter eine Daunenjacke und eine Grönland-Thermo-Hose getragen werden können. Hier habe ich vor allem den eingearbeiteten Nierenschutz als sehr angenehm empfunden. Grundsätzlich muß man bei einer aus mehreren Lagen zusammengesetzten Kleidung strikt darauf achten, daß die Teile nicht zu eng anliegen, so daß die Bewegungsfreiheit nicht eingeschränkt wird.

Als Schuh für arktische Bedingungen hat sich nach meinen Erfahrungen der „White-Army-Stiefel" mit doppeltem Filzinnenschuh als einziger Stiefel erwiesen, der locker und anschmiegsam ist und dabei doch der extremen Kälte widersteht. In der Sohle schützt eine Luftpufferzone gegen die Bodenkälte. Der kniehohe Schaft besteht aus Polyester. Durch eine Nylongittereinlage entsteht eine Luftschicht zwischen Filzinnenschuh und Schuh, so daß Feuchtigkeit nach unten abfallen kann, wo sie von der Filzeinlagensohle aufgefangen wird.

Weitere meiner Meinung nach notwendige Kleidungsutensilien sind Fäustlinge aus unentfetteter Schurwolle, darüber Bergsteiger-Fäustlinge mit Lederverstärkung in der Innenhand. Dazu eine doppelt gestrickte Schurwollmütze, die die Stirn und die Ohren bedeckt, ab minus 40 Grad Celsius kann eine Gesichtsmaske aus Seide und Filz notwendig werden.

Der Verlust einzelner Kleidungsstücke kann schlimme Folgen haben. Es ist daher sinnvoll, auf scheinbare Kleinigkeiten zu achten, wie etwa die Sicherung der Handschuhe vor plötzlichen Windböen. Dies läßt sich leicht mit Hilfe eines Bandes erreichen, das durch die Ärmel von einem Handschuh zum anderen führt.

Kanu- und Wandertouren

Orientierung ist im „Busch„ ohne Karte und ohne Kompaß undenkbar. Die größte Genauigkeit bietet die Bezard-Bussole mit 360-Grad-Ein-Strich-Einteilung, die zum Einnorden der Karte notwendig ist und als Peilkompaß eingesetzt werden kann.

Wer in der kanadischen Wildnis unterwegs ist, wird selten geeignete Flächen für den Zeltaufbau finden, die größer sind als 2x2 Meter. Der Boden muß eben, fest und frei von Unterholz sein, möglichst auf einem kleinen Plateau liegen, so daß eventuelles Regenwasser vom Zelt weg ablaufen kann. Ein Zelt, das auf einer solchen Stellfläche Platz findet, muß dabei aber gleichzeitig geräumig sein, so daß sich die Zeltbewohner frei bewegen können. Ideal sind Zelte mit zwei Apsiden, so daß eine Seite als Eingang und Abstellfläche für Gepäck, die zweite als Kochplatz benutzt werden kann.

Unter diesen Aspekten habe ich bei Touren mit zwei Personen das „Fjäll-Räven Original III Alu" oder das Kuppelzelt „Thermo Camp IV Alu" eingesetzt. Beides sind Doppelzelte – wichtig wegen der Kondensfreiheit. Das Aluflex-Gewebe reflektiert die

Sonnenstrahlen, so daß das Zelt im Sommer innen kühl bleibt. Lebensmittel sollten dennoch in der Wildnis außerhalb des Zeltes auf einem Baum gelagert werden. Im „Thermo Camp IV" kann ein unter dem Dach eingehängtes Polyesternetz gut als Ablagefach etwa für feuchte Kleidung genutzt werden. Dieses Zelt habe ich auch während des Winters im Yukon benutzt. Für Einzelgänger ist meiner Meinung nach das „Thermo Cyclon" besonders geeignet. Wegen seiner grünen Farbe und seiner unauffälligen Erscheinungsform eignet es sich gut für Wildbeobachtungen. Es ist ausgesprochen stabil. Bei ruhigem Wetter sind nur zwei Heringe zur Sicherung notwendig. Hingewiesen sei in diesem Zusammenhang aber darauf, daß doppelt gefährdet ist, wer sich allein in die Wildnis aufmacht!

Im skandinavischen Raum habe ich immer den Sturmkocher von „Trangia" verwendet, der mit flüssigem Brennspiritus arbeitet. In Kanada aber gibt es in vielen Gebieten nur Benzin oder Petroleum zu kaufen. Den erwähnten Kocher kann man auch als Kerosinkocher erhalten. Er muß allerdings mit Spiritustabletten oder -paste vorgeheizt werden. Dieser zusätzliche Handgriff lohnt sich nach meinen Erfahrungen. Durch die Luftdruckpumpe wird auch bei niedrigen Temperaturen größtmögliche Hitze erreicht. Gleichzeitig ist der Petroleumverbrauch äußerst gering. Dies ist vor allem von Bedeutung, wenn man viel Gewicht im Rucksack zu tragen hat.

Das Wasser ist in der kanadischen Wildnis grundsätzlich glasklar und trinkbar. In Brackwassergebieten oder Stadtnähe ist es notwendig, „Micropur-Tabletten" oder den „Katadyn-Taschenfilter" einzusetzen. Sommers wie winters habe ich im Zelt die „Fjäll-Räven-Isoliermatte Blau" verwendet, die robust ist und eine hohe Isolierfähigkeit besitzt. Der „Caravan-Schlafsack Arctic-Eisblau" aus Daunen ist von etwa plus 10 Grad bis minus 30 Grad Celsius ausgesprochen angenehm. Schlafsäcke, Kleidungsstücke und ähnliches sollten – auch im Rucksack – in wasserdichten Beuteln verpackt sein. Die Öffnung der Beutel sollte immer nach unten zeigen, falls es doch einmal in den Rucksack hineinregnet.

Bei kleineren Touren haben wir uns des „Fjäll-Räven"-Tagesrucksacks „Gyro Soft" bedient. Durch den Diagonalreißverschluß kann man auch an die unten eingepackten Sachen bequem herankommen, ohne den ganzen Rucksack auspacken zu müssen. Bei längeren Wandertouren bietet sich der „Tibet 8 E Gyro" an, mit A-förmigem Reißverschluß, der wegen eines Steges auch für schwere Lasten geeignet ist.

Auf unseren See- und Flußtouren haben wir meist ein „Aluminium-Grumman-Kanu" benutzt, ein amerikanisches Fabrikat, das im Yukon oft auch als Frachtenkanu eingesetzt wird. Speziell auf Seen aber mit hohen Fallwinden halte ich ein Faltboot für geeigneter, da die Bordwände des Kanus zu windanfällig sind. „Aerius I" (27 kg) und „Aerius II" (32 kg) habe ich auch deshalb bevorzugt, da sie zerlegbar und somit auch gut transportabel sind. Sie sind stabil, bieten große Packflächen und sind zur Not auch mit Nadel, Faden und Bootsstoff zu reparieren.

Grundsätzlich sollte man bei seiner Ausrüstung darauf achten, wie weit man mit ihr im Notfall kommt. So verwende ich zum Beispiel holzverleimte „Kober"-Paddel, in Kajak- oder Kanustechpaddelausführung. Holz ist stabiler als Kunststoff und liegt warm in der Hand. Ich habe dieses Naturmaterial auf einer Grönlandtour mit dem Faltboot schätzen gelernt. Als wir tagelang nur nasses Holz für das Lagerfeuer am Ufer zur Verfügung hatten, konnte ich aus meinen hölzernen Paddel, die ich als Ersatz mitgenommen hatte, trockene Schnipsel zum Anfeuern herausschneiden.

Für Allround-Angler, die sich sehr von fanatischen Sportanglern unterscheiden, ist meiner Meinung nach das Spinnfischen die ideale Methode in den Gewässern des Yukon. Spinner mit Drillingshaken wirken auf Raubfische, wie Hecht und Forelle, als

Reiz. Die maximale Hakengröße muß bei den örtlichen kanadischen Fischereibehörden erfragt werden.

Äsche und kleinere Forellen habe ich im Yukon mit der „D.A.M.-Superleicht-Spin“ gefischt. Diese Steckrute hat ein Wurfgewicht von 2 bis 15 g. Für schwere Forellen und Hechte ist die „Airway CF“ geeignet. Diese ausziehbare Kohlefaserrute hat ein Wurfgewicht von 5 bis 25 g. Leicht und stabil ist die Rolle „Quick BS“ aus Graphit-Material. Für leichtes bis mittelschweres Spinnfischen ist die „Quick 1202“ geeignet. Eine weiche, geschmeidige, dabei doch stabile Schnur, die im Wasser nicht zu erkennen ist, ist die „DAMYL magic flex“. Für Äschen und leichte Forellen mit 0,22 mm, für schwere Forellen und Hechte mit 0,35 mm Dicke. In jedem Fall aber mit Stahldrahtvorfach: Mancher Hecht hat uns am Coghlan Lake eine ungesicherte Schnur glatt durchgerissen.

Besonderen Reiz übten auf Äschen nach unseren Erfahrungen der „Mepps-Spinner“, silber-rot, gold- oder kupferfarben, mit einer Größe von 0 bis 2 aus. Die Forellen waren nicht abgeneigt gegen Effzett-Blinker, silber-rot, mit einer Löffelgröße zwischen 45 und 65 mm oder „D.A.M.“-Forellenspinner. Die Hechte wiederum zeigten eine besondere Vorliebe für Zack-, Quick- und Heintz-Blinker.

Unbedingt zu beachten ist, daß ein Gaff (Stahlhaken zum Herausheben der Fische aus dem Wasser) in Kanada verboten ist. Ideale Alternative ist ein zusammenklappbarer Unterfangkescher mit den Bügelmaßen 65 × 60 cm.

Wer sich abends überm Lagerfeuer seine Beute brutzeln will, sollte Säge und Axt für das nötige Holz nicht vergessen – eine zusammenklappbare Schwedensäge mit grober Zahnung für grobes Holz und eine handliche Axt mit hoher Schneidfähigkeit und Schärfehaltigkeit.

Noch wichtiger aber ist der Erste-Hilfe-Kasten, der mit den üblichen vom DRK empfohlenen und notwendigen Utensilien ausgestattet sein muß. Für die Wildnis sollte dabei noch besonders bedacht werden, daß hier häufig mit Verletzungen wie Muskelzerrung, Gelenkstauchung, Schürf- und Schnittwunden, Blut- und Wasserblasen sowie Erfrierungen zu rechnen ist. Es liegt in der Sorgfaltspflicht eines jeden, vor einem Aufenthalt in der Wildnis einen Erste-Hilfe-Kurs besucht oder wiederholt zu haben. Wichtig ist auch der Abschluß einer Ausland-Krankenschutz-Versicherung mit Rücktransport.

Fotoausrüstung

Kaum jemand macht sich heute noch auf eine Reise, ohne einen Fotoapparat mitzunehmen und im Bild festzuhalten, was er erlebt hat. Für mich persönlich hat sich die „Leica R 4" als die geeignetste Kamera erwiesen. Ich setze sie vor allem mit den Optiken „Elmarit-R" (1:2,8/19), „Summicron-R" (1:2/35), „Summilux-R" (1:1,4/50), „Summilux-R" (1:1,4/80), „Elmarit-R" (1:2,8/135) und „Telyt-R" (1:4/250) ein.

Bei meinen Aufnahmen verzichte ich auf tricktechnische Filter, da ich der Meinung bin, daß Farb- und Formspiel der Natur ohnehin fesselnd genug sind.

Als Filmmaterial setze ich je nach Lichtintensität Filme mit 64 ASA oder 200 ASA ein.

Im Yukon empfiehlt sich in jedem Fall der Einsatz eines Stativs. Beste Erfahrungen habe ich mit dem stabilen, extrem ausziehbaren Gitzo-Reporter-Compact-Stativ gemacht. Mit ihm lassen sich Bodenunebenheiten ideal ausgleichen, da die Schenkel einzeln auf verschiedene Spreizwinkel einzustellen sind. Wichtig zum Schutz der Fotomaterialien ist in jedem Fall auch ein schlagfester und wasserdichter Transportkoffer. Zudem möchte ich aus Erfahrung empfehlen, die belichteten Filme auch vor Röntgenstrahlen während der Flugtransporte zu sichern. Ich verwende dazu ARX-Boxen von Posso. Es ist zu ärgerlich, wenn gute Fotos am Ende der Reise noch zerstört werden.

Wichtige Adressen

Tourism Yukon
P. O. Box 2703,
Whitehorse, Yukon YIA 2C6

Yukon Visitors Association,
102–302, Steele St.
Whitehorse, Yukon Y1A 2C5

CP Air Whitehorse
International Airport
Whitehorse, Yukon Y1A 3E4

Trans North Air
Box 4338
Whitehorse, Yukon Y1A 3T6

Air North
Box 4998,
Whitehorse, Yukon Y1A 4S2

Scholz Canada Tours
Danziger Straße 47c
5205 St. Augustin 1

Diplomatische Vertretungen Kanadas in der Bundesrepublik:

Wirtschafts- und Kulturabteilung
Friedrich-Wilhelm-Str. 18
5300 Bonn

Einwanderungs- und Visa-Abteilung
Godesberger Allee 119
5300 Bonn 2

in Österreich:

Dr.-Karl-Lueger-Ring 10
1010 Wien

in der Schweiz:
Kirchenfeldstr. 88
3005 Bern

Diplomatische Vertretungen der Bundesrepublik Deutschland:
P. O. Box 379
Postal Station A
Ottawa
Ont. K1N8 V4

Österreichs:
445 Wilbrod Street
Ottawa
Ont. K1N6 M7

Der Schweiz:
5th Avenue Marlborough
Ottawa
Ont. K1N8 E6

Literaturhinweise

Tom Walker, We Live in the Alaskan Bush, Alaska Northwest Publishing Company, Anchorage

P. Morrow and A. Hume, The Yukon, Whitecap Books Ltd., Vancouver

C. Stein/H. P. Richter, Kanadas Westen, Conrad Stein Verlag, Kiel

B. Allan Mackie, Building With Logs, Log House Publishing Company Ltd., Prince George

Rainer Höh, Blockhütten-Tagebuch, Schettler Publikationen, Hattdorf

Cornelia Strauch und Michael Müller, Abseits der Straßen – Alaska und Yukon

In dieser Reihe sind erschienen:

Aubert/Müller, Panamericana
Coquet, Kolibris und Krokodile
Cropp, Alaska-Fieber
Cropp, Schwarze Trommeln
De Colombel, Der siegreiche Berg
Deglmann-Schwarz, Traum-Trips
De Roos, Segeln in der Arktis
Dodwell, Durch China
Dodwell, Globetrotter-Handbuch
Dodwell, Im Land der Paradiesvögel
Engels, Haie!
Franceschi, Vier Männer gegen den Dschungel
Gallei/Hermsdorf, Blockhaus-Leben
Harder/Müller-Esterl, Annapurna I
Hermann, Heiße Tour Afrika
Hermann, Von Thailand nach Tahiti
Höppner, Cowboys der Wüste
Jeier, Am Ende der Welt
Jenkins, Das andere Amerika
Jones, Sturzfahrt vom Everest
Keiner, Quer durch den roten Kontinent
Keiner, Südsee
Kirner, Meine Freunde – die Kopfjäger
Kugelmann, Trip in die Steinzeit
Kühnel, Rätselhaftes Indien
Lerche/Straube, In einem fremden Land
Rox-Schulz, Der Ruf des Condor
Stejskal, Malediven – Das Mädchen Robinson
Stejskal, Wayapi
Tasker, Eishölle am Everest
Veszelits, Brasilien
Zierl, Highway-Melodie

Wolf-Ulrich
Cropp

ALASKA-FIEBER

Alaska – schon der Name dieses unglaublichen Landes klingt nach Abenteuer. Und Wolf-Ulrich Cropp hat es erlebt: beim Iditarod, dem härtesten Hundeschlittenrennen der Welt, bei seinen gefährlichen Jagden auf Elch und Eisbär, bei dem „Aussteiger“ draußen in der Wildnis, der in der Einsamkeit durchzudrehen beginnt, bei den Goldgräbern von Nome und den Ölbohrern am menschenfeindlichen Eismeer. Wer den Mut hat, sich auf dieses Land einzulassen, den packt es für immer: das Alaska-Fieber!

---

287 Seiten, 78 s/w Fotos, 3 Karten, Reisetips

ABENTEUER-REPORT

Peter Jenkins

DAS ANDERE AMERIKA

Zu Fuß durch die Vereinigten Staaten

3 000 km legte der Autor, ein junger Amerikaner, zu Fuß in seinem Heimatland zurück. Nur sein Hund Cooper begleitet ihn. Aber er lernt auf diesem Marsch nicht nur die Menschen seiner Heimat kennen, sondern auch sich selbst.

288 Seiten, 58 s/w Fotos, 3 Karten, Reisetips

ABENTEUER-REPORT